Pour Michelle

Bâtir Montréal
à la table 45

Parce que c'est notre histoire à tous!

Laurence.

Laurence Vincent

BÂTIR MONTRÉAL

À LA TABLE 45

SEPTENTRION

Pour effectuer une recherche libre par mot-clé à l'intérieur de cet ouvrage, rendez-vous sur notre site Internet au www.septentrion.qc.ca

Les éditions du Septentrion remercient le Conseil des Arts du Canada et la Société de développement des entreprises culturelles du Québec (SODEC) pour le soutien accordé à leur programme d'édition, ainsi que le gouvernement du Québec pour son Programme de crédit d'impôt pour l'édition de livres.

Financé par le gouvernement du Canada | Canada

Coordination éditoriale : Marie-Michèle Rheault
Révision : Aimée Lévesque
Concept photo et carte des projets : Céline Francart
Photographie de la couverture : Katia Konioukhova. La photo a été prise au restaurant Graziella, rue McGill à Montréal.
Maquette de couverture : Hugues Skene, KX3 Communication
Mise en pages : Pierre-Louis Cauchon

Si vous désirez être tenu au courant des publications
des éditions du Septentrion,
vous pouvez nous écrire par courrier,
par courriel à sept@septentrion.qc.ca,
ou consulter notre catalogue sur Internet :
www.septentrion.qc.ca

835, av. Turnbull
Québec (Québec)
G1R 2X4

Diffusion au Canada :
Diffusion Dimedia
539, boul. Lebeau
Saint-Laurent (Québec)
H4N 1S2

Dépôt légal :
Bibliothèque et Archives
nationales du Québec, 2018
ISBN papier : 978-2-89791-019-8
ISBN PDF : 978-2-89791-020-4
ISBN EPUB : 978-2-89791-021-1

Ventes en Europe :
Distribution du Nouveau Monde
30, rue Gay-Lussac
75005 Paris

À Jacques

Un bon père, vous comprenez,
c'est quelqu'un à qui son enfant voudrait ressembler.
Carlos Ruiz Zafón

La force de la cité n'est pas dans ses remparts,
ni dans ses vaisseaux,
mais dans le caractère de ses hommes.
Thucydide

Le bonheur, ce n'est pas d'être beau, riche ou célèbre.
Le bonheur, c'est d'être bien.
En dedans.
Stéphane Laporte

Avant-propos

RACONTER SON PÈRE est un exercice périlleux, car c'est souvent un regard aimant qui interprète le passé et qui choisit les souvenirs. C'est aussi une proximité dévoilée et, inévitablement, une narratrice exposée.

Écrire est trop souvent un projet que l'on chérit sans le concrétiser. On y pense. On se projette. On imagine ces pages. Et puis on laisse fuir le temps, on laisse passer le moment propice. Mais cette fois, je ne pouvais pas m'y soustraire. L'idée de ce livre est en moi depuis si longtemps. L'occasion était là. Et c'est la célébration du 40e anniversaire de Prével, l'entreprise de promotion immobilière qu'a fondée mon père, qui m'a décidée : je voulais nous offrir ces lignes pour souligner, pour témoigner.

Ma vie, autant professionnelle que personnelle, a soif du nombre d'heures toujours insuffisant que je lui consacre. Pourtant, cet exercice m'était nécessaire. Pour rendre hommage à la contribution de Jacques, pour empêcher les 15 dernières années à travailler avec lui de ne devenir qu'un souvenir lointain, mais aussi pour saisir cette occasion de me forcer à réfléchir à tout ce que mon père m'a légué : ma vision de Montréal, de l'habitation, de l'entrepreneuriat, de ma relation avec le monde des affaires.

Je dois avouer que le regard des autres me faisait peur. À 36 ans, écrire un livre ? Alors que les minutes sont tellement rares et que je voudrais tant pouvoir donner davantage de présence à mes équipes ? Alors que je me fais à peine connaître dans le domaine de l'immobilier et que tant de gens passionnants sont à découvrir ? Alors que le marché est compétitif et que de véritables enjeux méritent mon attention ? Alors que j'en suis à mes balbutiements dans ce nouveau rôle et que j'ai tant de choses à apprendre ? Je choisis de prendre cette denrée rare qu'est le temps pour m'arrêter, m'extirper de l'urgent et prendre du recul. Pour retracer le chemin parcouru par celui qui me précède et ainsi comprendre où je me dois d'aller. La peur demeure parce qu'écrire, c'est oser, c'est se commettre. Mais je choisis de surmonter cette peur pour aller au bout de cette conviction qu'en 2018, écrire a encore une valeur. Et je sais aussi que le jour où l'on permet à la peur de dicter la suite de choses, on fait fausse route.

Ce livre est un projet un peu fou. Peut-être est-ce une tâche un peu trop ambitieuse. Mais ce livre, je l'écris avant tout pour moi. Coucher ce bouillonnement sur papier m'est instinctif. Et c'est bien parce que c'est fou, que ce n'est pas conventionnel, un brin irrationnel, que je sais que l'écriture de ces pages me procurera un plaisir immense, me permettra de retracer les apprentissages hérités de mon père, et de revisiter la chance immense que je peux avoir.

Connaissant mon père, je savais que sa modestie l'empêcherait de trouver, de prime abord, que ce livre était une bonne idée. Malgré sa bonhomie naturelle, il est fondamentalement quelqu'un de discret. Il n'aime pas déranger, il n'aime pas s'imposer et, surtout, il est farouchement attaché à la liberté de chacun.

J'ai pensé le faire dans son dos. Le mettre devant le fait accompli. Mais je lui devais cette sincérité et cette authenticité qui ont toujours marqué notre relation.

Un jour, lors d'un lunch, je l'ai abordé avec mon ton le plus solennel et mon regard le plus malicieux : « Je vais écrire un livre sur l'histoire de l'entreprise, sur ma vision de Montréal et sur toi. »

— Sur moi ? a-t-il demandé, moqueur. Pour quoi faire ? Ça n'intéressera personne.

— Pas sûre… Montréal, l'habitation, l'entrepreneuriat, la relève, c'est pertinent et, d'ailleurs, des éditeurs se sont montrés intéressés, annonçai-je triomphante.

Il m'a regardé longtemps, sans dire un mot. Il avait compris. Ce livre était important pour moi.

— Tu sais que je n'ai absolument pas besoin de ça et que je refuserais catégoriquement si ce n'était pas une de mes filles qui me le demandait.

Et c'était fait. Il venait d'accepter.

Parce qu'au-delà de l'entrepreneur que je souhaite remercier, au-delà de l'homme qui a su, durant les quatre dernières décennies, convaincre et mobiliser autour de lui et de ses projets des hommes et des femmes de grande qualité, il y a aujourd'hui cette responsabilité qui m'incombe.

En retraçant à travers ces quelques pages l'histoire de Prével, en reconnaissant le travail accompli par mon père, j'assume en effet à mon tour que coprésider une entreprise immobilière, c'est plus que de construire des immeubles. C'est plus que de mettre des briques les unes sur les autres. C'est plus que de remettre des clefs à de nouveaux propriétaires. C'est plus que de donner des rendements à des partenaires financiers.

Coprésider une entreprise immobilière, c'est assumer une certaine responsabilité sociale. C'est contribuer à bâtir Montréal. C'est développer des milieux où il fait bon vivre. C'est amener des humains à habiter la ville, ensemble.

Une entreprise immobilière a la chance de façonner la vie des gens. Nous sommes souvent les fiduciaires des économies de toute une vie. Nous pouvons grâce à notre ingéniosité faciliter l'accès à la propriété. Non seulement nous offrons un chez-soi à des gens, des familles – ce qui n'est déjà pas rien –, mais nous avons aussi la possibilité de leur offrir l'accès à un environnement, à une communauté. Nous favorisons un enracinement dans un lieu précis. Par une belle expérience, par un travail d'excellente qualité, par des lieux chaleureux et inspirants, nous pouvons contribuer au développement d'un sentiment d'appartenance envers Montréal.

Jacques a été, dès les années 1980, à l'avant-garde de cette compréhension des aspirations profondes des futurs propriétaires. Il a très rapidement eu la volonté de créer des milieux de vie, de repousser, petit à petit, les limites de ce qui existait déjà.

Il ne s'agit pas ici d'encenser un homme ni de le louanger. Mon père a ses défauts. Il a fait des erreurs. Il s'agit pour moi, à travers ce livre et les fenêtres qu'il m'a permis d'ouvrir, de redécouvrir un sens à cette histoire des 40 dernières années. De me rappeler certains souvenirs et de souligner que les choix qui ont été faits par mon père et par son complice depuis 1994, Jonathan Sigler, trouvent aujourd'hui à Montréal une résonnance particulière.

À l'heure où la qualité de vie est devenue une donnée fondamentale. Où de plus en plus de nos contemporains la recherchent. Où l'on documente de mieux en mieux l'importance des interactions humaines. Où la création d'un environnement favorisant les rencontres et les échanges est de plus en plus valorisée. La vision qu'a eue Jacques de la promotion immobilière urbaine, vision qu'il a toujours su partager, est devenue une référence.

Avec ce livre, je me suis moi-même prise au jeu. Comme ces petites fenêtres des calendriers de l'avent que les enfants ouvrent fébrilement chaque matin du mois de décembre, j'ai ouvert quelques fenêtres sur l'histoire de Prével. À travers les yeux de la petite fille qui s'imaginait que son père avait un travail un peu à part. À travers ceux de l'adolescente qui voulait découvrir le monde. À travers aujourd'hui les yeux de la femme qu'il m'a en grande partie permis de devenir. J'ai revisité le parcours professionnel d'un homme qui m'inspire et avec qui j'ai eu un plaisir fou à travailler.

Légende de la carte

1 Époques
2 Quais de la Commune
3 21e arrodissement
4 Lowney sur ville
5 Lowney
6 Le Séville
7 Union sur le parc
8 Loft impérial

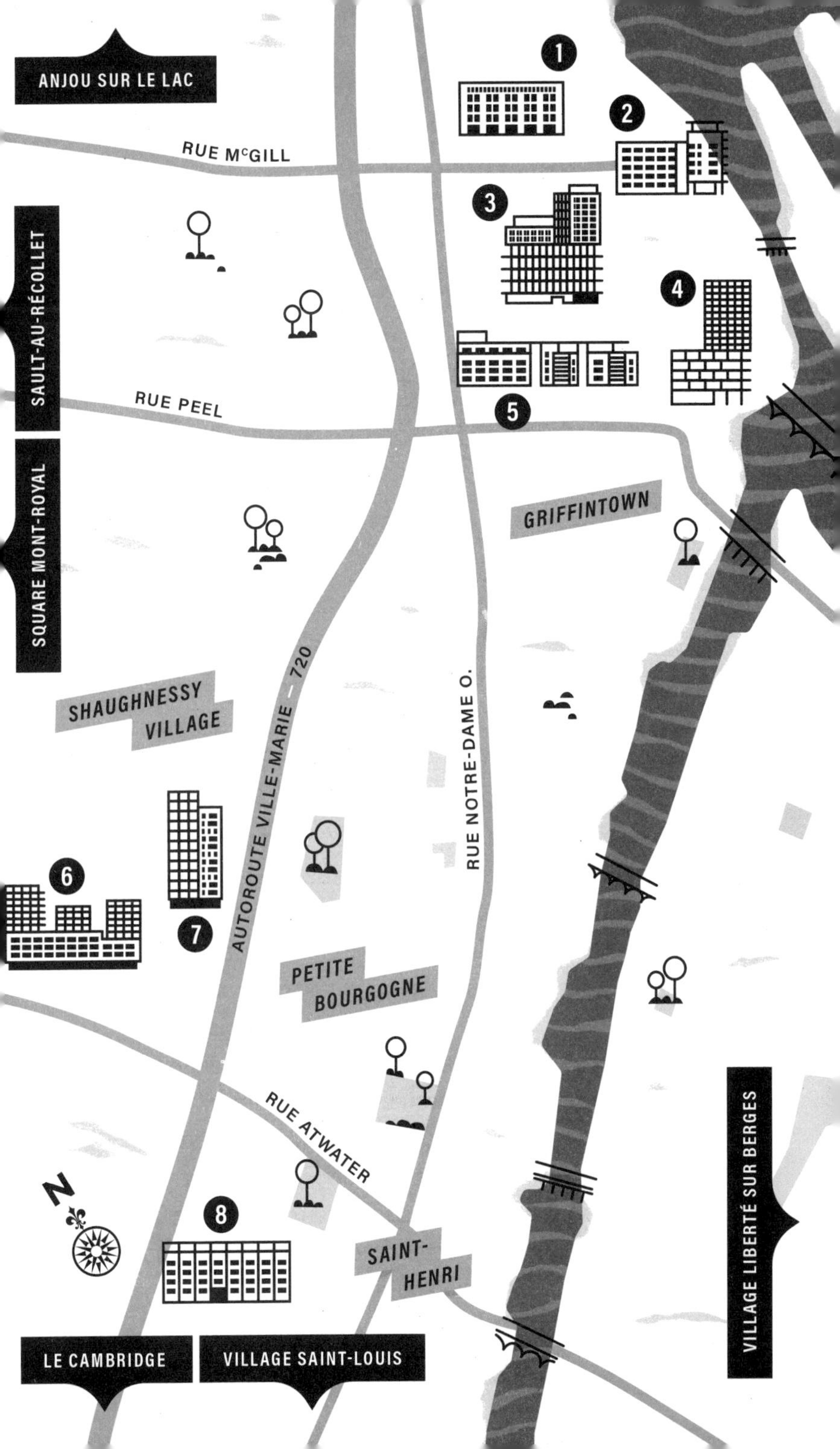

ANJOU SUR LE LAC
RUE McGILL
SAULT-AU-RÉCOLLET
RUE PEEL
SQUARE MONT-ROYAL
GRIFFINTOWN
SHAUGHNESSY VILLAGE
AUTOROUTE VILLE-MARIE — 720
RUE NOTRE-DAME O.
PETITE BOURGOGNE
RUE ATWATER
SAINT-HENRI
N
LE CAMBRIDGE
VILLAGE SAINT-LOUIS
VILLAGE LIBERTÉ SUR BERGES
1
2
3
4
5
6
7
8

FENÊTRE I

Créer Montréal, un Montréalais à la fois

JEUNE, JE N'AURAIS JAMAIS IMAGINÉ une seule seconde que je me retrouverais en affaires. J'étais une grande idéaliste. Je rêvais de travailler pour des organisations humanitaires. J'ai choisi de faire des études universitaires en histoire. Et quand j'ai eu besoin d'une pause avant d'entreprendre une maîtrise en études internationales, j'ai accepté de donner un coup de main dans l'entreprise de mon père.

Après plusieurs années à évoluer dans différents postes chez Prével, ma perception du monde des affaires a changé. Soudainement, je ne sentais plus le besoin de m'exiler pour contribuer à améliorer le monde. Je commençais à comprendre que je pouvais choisir de le faire les deux pieds à Montréal, au cœur d'une entreprise que j'aimais et avec des gens qui m'étaient chers.

Après beaucoup de questionnements et de détours, j'ai décidé d'entamer une maîtrise en gestion. En faisant mon MBA, j'ai découvert que le monde des affaires pouvait être ce qu'on voulait qu'il soit. Qu'il pouvait être à l'image de ce que l'on est, à condition de se permettre d'être soi-même.

J'avais, en toute connaissance de cause, cheminé de l'aide humanitaire à la promotion immobilière. Mais j'étais toujours la même fille, animée par la même authenticité et le désir de vouloir changer les choses.

L'idéaliste que je suis toujours rêve de mettre en lumière la contribution positive que peuvent avoir les promoteurs immobiliers, autant pour Montréal que pour les hommes et les femmes qui habitent les milieux que l'on crées. J'estime avoir la responsabilité de rendre justice à ce métier qui fut celui de mon père pendant 40 ans. Ce métier qui est maintenant le mien. J'ambitionne de démystifier l'image des promoteurs immobiliers… surtout ceux qui construisent des condos !

Parce qu'il faut avouer que le condo n'a pas bonne presse. Que ce soit pour dire qu'il y en a trop, qu'ils sont trop chers, trop petits, qu'ils ne sont pas appropriés pour les familles, qu'ils ne ciblent que les jeunes professionnels… Il n'y a pas beaucoup de fervents défenseurs des condos. Pourtant, des condos, ce sont des habitations. Ce sont des habitations pour les humains. Chaque fois qu'un condo se construit à Montréal, c'est un humain de plus dans notre ville. Et plus il y a d'humains qui habitent la ville, plus elle est vivante.

Le dynamisme de Montréal dépend de ses habitants. Ce sont eux qui l'arpentent chaque jour, qui font vivre ses commerces, qui mettent de la vie dans ses quartiers. Créer de l'emploi ne suffit pas pour stimuler l'essor d'une ville, il faut des citoyens pour l'animer, pour l'habiter. Ce n'est pas en passant chaque jour d'une ville-dortoir à un pôle d'emploi qu'on se crée un sentiment d'appartenance et un attachement envers sa ville. Et l'attachement, c'est la clé. Quand on aime sa ville, quand on en est fier, on a envie d'en prendre soin. On a envie de la voir rayonner, de s'y impliquer et de la rendre toujours plus accueillante.

C'est plutôt ainsi que je perçois le rôle d'un promoteur immobilier dans une grande ville comme Montréal. Faire le lien entre un Montréalais potentiel et son futur port d'attache. Convaincre le futur marié que sa fiancée a tous les attraits recherchés. Notre rôle est de faire en sorte que les gens tombent amoureux de Montréal.

Les humains qui habitent nos projets sont l'âme même de notre métropole. Chaque fois qu'on convainc un non-Montréalais d'emménager dans un de nos projets, on crée un Montréalais. On pourra dire que c'était déjà prévu, que la personne avait l'intention de déménager à Montréal. Il nous arrive pourtant régulièrement de croiser des clients qui hésitent entre Brossard, Saint-Lambert et Griffintown. Et j'ai la prétention de penser que c'est en partie l'attrait de nos projets, l'effort et l'amour qu'on leur porte ainsi que notre vigilance à garder les prix accessibles qui en persuadent plusieurs d'adopter Montréal.

Et chaque fois qu'une personne ou une famille choisit Montréal plutôt que la banlieue, c'est une petite victoire pour le développement durable.

La réalité, c'est que lorsqu'on choisit de vivre en ville, le nombre de véhicules diminue. À Mirabel ou à Saint-Bruno, c'est un tour de force de réussir à vivre sans voiture, alors qu'au centre-ville, c'est non seulement possible, mais c'est même souhaitable. On remarque d'ailleurs qu'on vend de moins en moins d'espaces de stationnement dans nos développements. On note une tendance bien réelle à délaisser la voiture, surtout chez les jeunes générations. Même chez ceux qui demeurent attachés à leur véhicule, on constate que les propriétaires de voiture habitant en ville émettent 47 % moins de gaz à effet de serre[1] que ceux habitant en banlieue.

Mais au-delà du trafic et de la pollution qu'il engendre, chaque fois qu'on choisit Montréal plutôt que la banlieue, c'est également une victoire sur l'étalement urbain.

Selon l'Agence européenne pour l'environnement, « l'étalement urbain se manifeste lorsque le taux de changement d'occupation des terres excède le taux de croissance de la population[2] ». Prenons l'exemple du Lowney, avec ses 1 700 unités d'habitation réparties sur 240 000 pieds carrés. Si chacun de ses occupants avait fait le choix d'une nouvelle maison unifamiliale en banlieue, avec un terrain moyen d'environ 5 000 pieds carrés, plutôt que la

1. Vivre en ville, 2015, *De meilleures villes pour un meilleur climat*, Coll. « L'Index », 32 p.

2. Agence européenne pour l'environnement, *Urban sprawl in Europe – the ignored challenge*, 2006.

copropriété en ville, ce sont 8,5 millions de pieds carrés d'espace ou de terres agricoles qu'il aurait fallu sacrifier.

La réponse à l'étalement urbain, c'est la densification. La densification. Ce mot qui effraie. Pourquoi en avoir peur ? Qu'est-ce qui nous terrifie tant avec la densité d'une ville ? Pourquoi a-t-on forcément l'impression qu'un bâtiment en hauteur déshumanise l'expérience citoyenne ? Pourquoi ne peut-on pas avoir de petits commerces de proximité, des vitrines inspirantes, des squares et des trottoirs animés même si des dizaines d'étages s'élèvent au-dessus ?

Je dois avouer que je reste un peu confuse devant une certaine tendance à condamner la densité. C'est l'habitation de type triplex qui semble avoir la faveur chez une partie de l'intelligentsia montréalaise. Pourtant…

Prenons cette fois l'exemple du 21e Arrondissement. Sur 100 000 pieds carrés, avec des hauteurs qui varient de 6 à 14 étages, on peut concrétiser 900 unités d'habitation. Si l'on prend ces mêmes 100 000 pieds carrés et qu'on y implante des triplex, on peut en construire une quarantaine et donc offrir 120 logements. Il y a ainsi sept fois et demie moins d'unités. En limitant de cette façon l'offre, on fait forcément monter les prix. On rend l'habitation de moins en moins abordable. Pensons à Greenwich Village à New York où beaucoup ont milité pour conserver une faible densité, pour favoriser les bâtiments de trois étages et ne surtout pas dépasser cinq étages. Aujourd'hui, un appartement à Greenwich peut se vendre huit millions de dollars américains. Et l'on déplore la culture bohème aujourd'hui disparue. J'ai du mal à m'expliquer comment on peut militer pour l'abordabilité d'une ville et ne pas souhaiter davantage d'habitations disponibles.

Malgré les politiques contre l'étalement urbain et en faveur de la densification, la réalité a été mise en lumière récemment par une étude du Conseil canadien d'urbanisme : « Dans la région métropolitaine de Montréal, il y a maintenant 226 000 habitants de plus à l'extérieur de l'île que sur l'île. C'est un chiffre énorme. Ça s'explique simplement : c'est à l'extérieur de l'île qu'a lieu presque toute la croissance démographique des 10 dernières années, soit 83 %[3]. »

Je ne comprends pas non plus comment on peut être en faveur du développement durable et contre la densité. Lorsqu'on favorise la densité, il y a nécessairement moins de déplacements, donc moins de pollution. Les gens développent davantage un mode de vie sain, marchant plus ou utilisant le vélo. Et le transport en commun local a beaucoup plus de chances d'être rentable, donc de survivre, si un plus grand nombre l'utilise. Et c'est sans compter que la

---

3. David Gordon, *Still Suburban : Growth in Canadian Suburbs 2006-2016*, Conseil canadien d'urbanisme, 2018.

croissance urbaine permet d'amener plus d'habitations qui sont taxables, donc plus de revenus à investir dans des infrastructures déterminantes pour la mobilité montréalaise.

Par ailleurs, au-delà du développement durable, la densification engendre une ville dynamique, vibrante, attrayante. Elle permet de faire vivre des commerces et des évènements culturels, de financer des services. Elle favorise la vie de quartier. La proximité encourage les interactions humaines, les échanges. Elle permet de gagner du temps et de vivre dans le présent plutôt que dans sa voiture.

C'est l'économiste américain Edward Glaeser qui a le mieux résumé cette vision dans son livre *Triumph of the City*: « *Greater density is the goal: more people, means more interaction, which means more possibility. We are a social species that gets smarter by being around other smart people, and that's why cities thrive*[4]. »

La densification peut être extrêmement positive si elle est réalisée avec savoir-faire et doigté, dans le respect de la ville, de l'histoire de ses quartiers tout comme de la sensibilité de celles et ceux qui y habitent déjà et qui y travaillent. Les condos, ces

4. Edward Glaeser, *Triumph of the City: How Our Greatest Invention Makes Us Richer, Smarter, Greener, Healthier, and Happier*, Pan Macmillan, 2011. Traduction libre : « Augmenter la densité est l'objectif : davantage de gens signifie davantage d'interactions, ce qui amène de plus grandes occasions. Nous sommes une espèce sociale qui devient plus intelligente en côtoyant d'autres personnes intelligentes, et c'est pourquoi les villes prospèrent. »

mal-aimés, peuvent redynamiser des pans entiers d'une ville, être des catalyseurs de changements urbains.

Alors, laissez-moi faire ce plaidoyer pour les condos et principalement pour les petits condos.

Depuis aussi longtemps que je travaille au sein de l'entreprise, j'ai vu Jacques et Jonathan – j'ai eu la chance de me joindre à eux par la suite – passer des heures et des heures à perfectionner un plan pour s'assurer que chaque pouce carré est maximisé, pour qu'il soit le plus fonctionnel possible, pour que notre client s'y sente bien. C'est beaucoup plus compliqué de concevoir de petits espaces que des unités de 1 000 ou 2 000 pieds carrés ! Et, en plus, en tant que promoteur, cela ne coûte pas moins cher de construire de petits espaces parce que cela signifie plus d'entrées électriques, plus de cuisines, plus de plomberie…

Évidemment, pour notre client, moins de pieds carrés, c'est forcément moins cher à l'achat. Et si ça coûte moins cher à acheter, c'est qu'on permet l'accès à la propriété à beaucoup plus de gens, surtout des jeunes, qui n'auraient pas eu les moyens de devenir propriétaires autrement ou qui n'auraient pas pu le faire aussi tôt dans leur vie.

Je suis bien consciente que pour plusieurs, ce n'est pas un objectif à long terme que d'habiter dans 400 pieds carrés. Mais il faut comprendre que le client qui fait ce choix le fait en fonction de son budget. Il choisit d'habiter plus petit pour pouvoir être en ville, près de son travail, et pour vivre l'effervescence de Montréal.

Avec un petit condo, il peut se bâtir un patrimoine. Il peut mettre un pied dans l'immobilier. Il peut acquérir un actif qui va prendre de la valeur. Et, au fil des ans, sa situation financière s'améliorant, le condo prenant de la valeur, il lui sera possible de considérer, de façon responsable et sans s'endetter à outrance, d'acheter un logement de 600 pieds carrés.

Par la suite, peut-être que l'âme sœur rencontrée aura pris des décisions similaires et qu'il leur sera possible d'acheter un logement de 900 pieds carrés de deux chambres. Et quand arrivera le premier enfant, vivre ailleurs qu'en ville ne faisant plus partie des options, l'achat d'une unité de 1 200 pieds carrés de trois chambres pourra être envisagé pour se préparer à la venue du deuxième enfant.

C'est vrai que notre clientèle est principalement constituée de jeunes professionnels. Mais ceux-ci finissent toujours par vieillir ! Et s'ils goûtent jeunes à la ville, ils vont s'y attacher, aimer leur bout de rue, leur bout de quartier, leur petit café du coin. Et il y a ainsi beaucoup plus de chances qu'en vieillissant, ils y restent pour fonder et voir grandir leur famille.

Il faut être réaliste. Il sera difficile de convaincre des jeunes habitant à Saint-Eustache dans une maison unifamiliale à 250 000 dollars ou étant locataires depuis dix ans dans l'est de la ville de s'acheter, du jour au lendemain, un condo au centre-ville pour élever leurs deux enfants.

C'est pourtant la question de l'heure : la rétention des familles dans les quartiers centraux.

Selon moi, il y a deux freins majeurs face au choix de Montréal quand on pense « famille » : le coût et les traditions culturelles.

C'est cher, la ville, quand on compare ce qu'on peut avoir pour le même prix en périphérie. Un jeune couple pouvant réunir 400 000 dollars pour devenir propriétaire peut soit choisir une grande maison avec un grand terrain, peut-être même une piscine creusée, un sous-sol et une chambre pour chaque enfant dans la banlieue, soit choisir un logement de 1 000 pieds carrés en copropriété dans les quartiers centraux. Et c'est là que l'aspect culturel prend toute son importance. Parce que nous, Nord-Américains que nous sommes, avons acheté le rêve de l'espace.

Par rapport à certaines villes européennes ou asiatiques, nous avons encore du mal à imaginer la vie familiale en hauteur. Il semble que culturellement, nous avons besoin d'une cour, d'un espace au sol. Pourtant, il y a tant d'enfants dans le monde qui grandissent en logement ou en copropriété. Cette réalité n'est pas l'apanage des plus pauvres, bien au contraire. Mais au Québec, nous sommes attachés à l'idée d'être propriétaires d'un terrain. Ce qu'on observe, c'est que les Québécois sont prêts à se trouver un bas de triplex ou une petite maison en ville s'ils en ont les moyens, mais envisagent difficilement la verticalité, sauf chez quelques avant-gardistes ou chez certaines clientèles issues de l'immigration. On observe que dans plusieurs de nos projets, des Européens ou des Asiatiques d'origine n'auront aucun frein à s'acheter une unité de trois ou quatre chambres, en plein centre-ville, au dixième étage.

Il faut préciser que le pouvoir des promoteurs immobiliers est bien limité en ce qui concerne les familles. Nous sommes des pourvoyeurs d'une offre de logements, mais la capacité d'acheter ne dépend pas de nous. Nous n'avons que très peu d'influence sur la demande ou sur le développement des infrastructures publiques. Et nous avons beau déployer tous nos talents, quand il s'agit de contrer les réflexes culturels, il faut que l'effort ait été fait en amont.

À Union sur le Parc[5], nous avons mis en marché plusieurs unités de trois ou quatre chambres. C'était un site qui se prêtait particulièrement bien aux familles : en plein centre-ville, avec 30 000 pieds carrés d'espace vert au sol, dont deux parcs que nous avons cédés à la Ville. Nous avons pensé le projet pour qu'il offre des espaces communs dédiés à la famille : un minigym pour enfants, un espace créatif pour le bricolage, une cuisine communautaire. Je dois avouer que nous avions l'ambition de devenir « le » promoteur immobilier qui réussirait à retenir les familles en ville.

5. Projet de 400 unités sur le boulevard René-Lévesque près de la rue Atwater.

Le projet a été un véritable succès. Mais on ne peut malheureusement pas l'attribuer aux familles. Oui, nous avons eu une belle réponse et plusieurs de nos clients sont ces jeunes couples ou ces jeunes familles que je rêvais d'attirer. Beaucoup de nos unités de trois ou quatre chambres, cependant, ont été achetées par des baby-boomers qui ont préféré faire tomber les murs des chambres pour profiter d'espaces plus grands.

La vérité, c'est que nous n'avons pas de contrôle sur qui achète nos unités et ce qu'ils en feront. Et que ce n'est pas en forçant l'offre qu'on imposera à des parents d'aimer vivre à Montréal avec leurs enfants. Sachez qu'à tout moment, si un client nous approche pour acheter une unité familiale, nous sommes en mesure de jumeler de plus petites unités pour répondre à ses besoins. Alors le débat sur le manque de logements de trois ou quatre chambres disponibles n'est peut-être pas le bon. Il faut d'abord chercher à rendre les familles enthousiastes d'adopter Montréal et ensuite leur en donner les moyens avant de légiférer sur l'offre.

Même si Montréal se compare avantageusement à Toronto ou Vancouver, il n'en demeure pas moins que l'abordabilité de l'habitation en général y reste un enjeu. L'immobilier est de plus en plus cher dans notre ville.

Les acheteurs de nos unités sont encore majoritairement monsieur et madame Tout-le-Monde. Des professionnels, mais aussi des gens de métier, des jeunes qui bénéficient d'un coup de pouce de leurs parents pour acheter, des gens qui accèdent à la propriété à 45 ans, de jeunes familles et même des aînés qui souhaitent se garder actifs en demeurant dans des milieux de vie mixtes. Ils ne sont pas, pour la plupart, des consommateurs récurrents. Ils investissent la somme de tout leur labeur dans leur lieu de vie. Ils sont issus de tous les horizons. Et c'est bien ça, la beauté des projets urbains. Il faut préserver cette mixité.

Ce qu'on voit émerger de plus en plus, surtout dans les quartiers centraux, ce sont les investisseurs. Oui, l'immobilier va bien. Mais la clientèle change. Alors qu'on a toujours eu l'habitude de côtoyer entre 5 et 10 % d'investisseurs dans nos projets, on se retrouve aujourd'hui devant un phénomène très différent. Il n'est pas rare, lors du lancement d'un projet, de faire face à un investisseur qui souhaite acheter 10 unités d'un seul coup. 10 petites unités. Parce que c'est ce qui offre le meilleur rendement du point de vue locatif.

Vous pourriez penser que c'est le Klondike pour un promoteur, mais pour nous, cela va à l'encontre de tout ce pour quoi Prével existe. De tout ce que mon père a bâti. De tout ce qu'il m'a appris. De tout ce que Jonathan et Jacques ont ensuite développé. Vendre 10 petites unités d'un seul coup, c'est une occasion manquée d'offrir l'accès à la propriété à 10 personnes qui profiteraient d'une entrée sur le marché immobilier. C'est une occasion manquée d'avoir des résidents qui habiteront l'immeuble, qui s'attacheront à leur lieu de vie, qui contribueront à créer un sentiment de communauté. C'est une occasion manquée de contribuer à bâtir le patrimoine de plusieurs jeunes en leur faisant profiter de la prise de valeur de l'immobilier. C'est plutôt faire profiter quelques privilégiés au détriment d'un plus grand nombre.

Face à ce phénomène bien réel, nous avons décidé, il y a quelques années, de limiter le nombre d'achats par personne. Comme le marché immobilier est très porteur, nous pouvons prendre le risque de refuser de vendre plus de deux unités à la même personne parce que nous savons que toutes les unités du bâtiment seront vendues avant d'en avoir terminé la construction. Mais quand le marché se resserrera, pourrons-nous poursuivre cette politique qui tente de favoriser le premier acheteur ?

Oui, l'immobilier va bien. Mais le taux de propriétaires augmente-t-il à Montréal ? Ne stagne-t-il pas depuis plusieurs années ? Et il est inutile de rappeler que le Québec se trouve en queue de peloton pour le taux de propriété à travers le pays. Il faut toutefois savoir que c'est la grande région métropolitaine et plus particulièrement l'île de Montréal qui tire le Québec vers le bas dans ces résultats.

Favoriser la propriété, c'est favoriser la création de richesse. On peut bien argumenter en affirmant qu'un locataire qui investirait l'équivalent du coût d'une hypothèque ne serait pas désavantagé. Mais si l'on tient compte de notre niveau d'endettement, je suis plutôt pessimiste face à la rigueur nécessaire pour faire ce sacrifice. L'achat d'une propriété est une forme d'épargne forcée. Il permet en outre de bénéficier d'une prise de valeur en plus d'un avantage fiscal sur la revente des résidences principales. Il faut mettre les efforts nécessaires pour que les Montréalais aient les moyens d'être propriétaires de leur ville.

Comment favoriser l'accès à la propriété ? Comment augmenter le nombre de propriétaires dans notre ville ? Protéger l'accès à la propriété devrait être une priorité pour nos élus.

Bien entendu, cet accès à la propriété ne doit pas être la seule préoccupation. Il faut également se soucier de ceux qui peinent à se loger décemment. Il faut reconnaître les besoins en matière de logements sociaux et se pencher sérieusement sur ce phénomène pour éviter qu'il ne prenne davantage d'ampleur.

Que ce soit clair, des promoteurs qui croient à la mixité et qui souhaitent bâtir une ville qui célèbre le vivre ensemble, ça existe ! Prével en est. L'entreprise privée se doit de s'impliquer dans la cohabitation de cette mixité. Autant d'un point de vue humain qu'économique. Montréal a besoin que ses travailleurs à plus faible revenu puissent habiter son centre.

Nous avons été parmi les premiers à participer à la politique sur le logement social de la Ville de Montréal en intégrant, de façon volontaire, 15 % de logements sociaux à notre projet Loft Impérial en 2006. Nous avons, depuis, contribué à chacun de nos projets, même lorsque la réglementation ne l'obligeait pas.

À première vue, l'idée d'intégrer des logements sociaux dans les nouveaux développements est bonne. Mais il faut être conscient de l'impact de cette politique. Il y a un coût à ce logement social, au terrain utilisé pour les construire et au coût d'opportunité à ne pas construire les unités dédiées à la vente. Ce coût est inévitablement supporté par l'acheteur. Les contraintes inhérentes au rendement financier que nous devons livrer à nos créanciers transfèrent ainsi le fardeau aux futurs propriétaires. Lorsqu'on demande d'augmenter le pourcentage de logements sociaux intégrés à des projets immobiliers, on augmente incontestablement le coût de l'habitation.

Je crois en la responsabilité de tous pour contribuer à augmenter le nombre de logements sociaux. Pourquoi devrait-ce être uniquement la responsabilité des acheteurs de condos neufs ? Pourquoi l'acheteur de Brossard ou de Laval n'a-t-il pas la même responsabilité de contribuer au logement social ? Pourquoi sont-ce seulement les acheteurs de condos montréalais qui subventionnent les plus démunis ?

Dans la dernière année, on a vu la taxe de 10 % de frais de parc s'ajuster à la valeur marchande des terrains. Une redevance de 10 dollars le pied carré pour le Réseau express métropolitain (REM) imposé aux projets à proximité s'est ajoutée. On parle potentiellement d'une contribution plus élevée pour les logements sociaux, les logements abordables et les logements familiaux. On parle d'une éventuelle contribution pour les écoles en ville. Et il y aurait sûrement lieu de demander d'inclure un pourcentage d'espace commercial abordable tellement la taxation rend difficile la survie des petits commerces de proximité !

Nous sommes favorables à une responsabilité partagée. Mais il faut comprendre l'impact de ces mesures. Il faut comprendre que tous ces frais de développement font augmenter le coût de l'habitation. Pour un premier acheteur, ça peut représenter un facteur décisif dans la décision d'acheter. D'acheter en ville ou d'acheter en banlieue. Parce que, je le répète, l'acheteur de banlieue ne se voit pas imposer tous ces frais. Ne sommes-nous pas en train d'encourager le choix de la banlieue et l'étalement urbain ? Il faut éviter à tout prix ce qui se passe à Vancouver et à Toronto où les projets sont vendus à 90 % à des investisseurs. Il faut protéger le propriétaire occupant. Il faut que nos Montréalais puissent être propriétaires dans leur ville.

Nous devons mobiliser toutes les intelligences pour trouver les meilleures solutions pour Montréal. Nous ne sommes pas les seuls promoteurs à avoir à cœur notre ville et son développement harmonieux. À espérer une ville inclusive et dynamique. Il y a tellement de pistes à explorer : des projets communautaires clés en main, des modifications aux règles qui régissent la construction de logements sociaux, des zonages incitatifs, des contributions à l'individu, des fonds privés pour développer des unités abordables, etc. Mais au-delà des solutions très concrètes que nous avons à proposer, il faut d'abord et avant tout que les acteurs politiques et économiques s'unissent pour rendre Montréal toujours plus attrayante, promouvoir la densité, favoriser l'accès à la propriété dans les quartiers centraux et améliorer les infrastructures urbaines, notamment les écoles. Si l'on ne fait que cibler la mixité par le logement social, on ne s'attaque au problème qu'en surface. On crée une disparité toujours plus grande entre ceux qui ont les moyens de la propriété et ceux qui doivent être subventionnés pour habiter les quartiers centraux. On ne fait qu'amplifier le problème.

Je me sens extrêmement privilégiée d'avoir la chance de pouvoir contribuer à bâtir Montréal. À la développer. À la réfléchir. À la réinventer. C'est une responsabilité qui nous incombe. C'est une responsabilité justifiée. Mais c'est une responsabilité qui se doit d'être partagée.

FENÊTRE 2

Table 45

UN JOUR, JE N'ARRIVE PAS à me rappeler quand exactement, j'ai arrêté d'appeler mon père «papa» lorsque nous étions au travail et je me suis mise à l'appeler «Jacques». Il faut comprendre que chez nous, «papa» et «maman» n'étaient pas des mots à prendre à la légère: nous avions eu la formelle interdiction d'utiliser les prénoms. Pourquoi alors me suis-je permis cette transgression? Je ne pouvais pas prétendre à être prise au sérieux dans cette entreprise si je continuais à l'interpeller comme une enfant. Peu importe le ton, l'occasion ou l'endroit, le «papa» prononcé dans l'enceinte professionnelle me ramenait à l'état de gamine. Ainsi mon père est devenu Jacques.

Bien que pour moi, il est toujours resté, d'abord et avant tout, mon père. Un père qui n'a jamais dit «je t'aime». Il ne prononçait pas ces mots. Il n'en a jamais eu besoin. Je les entendais dans ses silences et je les entends toujours. Il les aura dits à travers tous ses gestes. Tous ses regards. Toutes ses moqueries. Je l'aurai senti à travers tout ce que nous nous sommes dit. Et surtout à travers ce que nous ne nous sommes pas dit.

J'ai eu la chance de travailler avec lui. De jouer dans le même film que lui. D'être le bras droit de ce grand solitaire. D'avoir pu être la coéquipière de mon père… sa coéquipière d'affaires. Mais tellement plus aussi. Mon père est plus grand que nature. Et pourtant, il n'a pas l'ambition de sa grandeur. Il est, tout simplement. Et il se fout de tout le reste. C'est cette désinvolture, cette candeur qu'il m'a transmises.

Ses histoires… Quand il se mettait à raconter ses histoires de jeunesse, ses histoires d'entrepreneur. Quand il n'arrivait plus à parler tellement, il riait de ses propres histoires. Et qu'on riait autant de son histoire que de le voir rire.

Nos soupers en famille. Je n'ai jamais vu mon père être aussi lui-même qu'en famille. C'est ça qui a permis à ma mère de dire pendant toutes ces années, avec certitude, que pour mon père, « c'est nulle part comme à la maison ». Que « même s'il n'est pas là, c'est ici qu'il voudrait être ». Savoir que pour lui, il n'y a rien de plus précieux que sa famille, que ses deux filles. Il ne le disait pas. Il le prouvait juste en étant lui-même.

Non, je n'ai pas vraiment de souvenirs de mon père qui me dise : « Je t'aime. » Mais c'était partout. Et c'est pour ça qu'aujourd'hui, je n'ai pas besoin qu'il me dise qu'il est fier de moi. Je le sais. Il ne me l'a jamais dit, ne me le dira jamais. Il préfèrera bien au contraire me dire que « quand on a moins de talent, il faut travailler plus fort ». Que mon manque d'expertise financière est une honte. Qu'il souhaite que mes enfants « me fassent chier » autant que j'ai pu le faire chier durant les 15 ans qu'a duré mon adolescence…

Et dans tous ses mots, dans toutes ses vacheries, toujours dites sur un ton bon enfant, ce n'est que son amour que j'ai toujours entendu. Parce que j'ai la chance d'avoir la confiance tranquille de ma mère. Parce que j'ai la chance de savoir reconnaître l'amour quand il est là. Peu importe sa forme.

À tous ceux qu'il a pu blesser avec son humour décapant, sachez que c'est sa façon d'aimer. C'est sa façon de dire qu'il vous apprécie. En se moquant de vous.

Sa sagesse. « Ne pas avoir d'attentes »… Comment un entrepreneur peut-il ne pas avoir d'attentes ? Comment un père peut-il ne pas avoir d'attentes ? Et pourtant, c'est ce qu'il a réussi à faire encore mieux que l'entreprise qu'il a fondée. Il a réussi à voir grandir ses deux filles sans jamais leur donner l'impression qu'il espérait qu'elles deviennent quelqu'un d'autre qu'elles-mêmes.

Une seule chose le préoccupait : notre bonheur. Allions-nous avoir la capacité d'être heureuses ? Lui cultivait sa faculté de ne rien attendre en retour. Il voulait que ma mère la partage aussi, elle qui, avec son cœur de mère débordant d'amour, ne pouvait que souhaiter nous avoir toujours auprès d'elle. Et il lui répétait sans cesse que des enfants, c'est ingrat.

C'est cette liberté-là qu'il nous a offerte. Celle de ne pas avoir de destinée à accomplir. Jamais il ne m'a laissé sous-entendre qu'il me souhaitait Prével.

Jamais il n'a insinué que mes études universitaires en histoire n'étaient pas la bonne voie à suivre. C'était la voie que je choisissais.

Quel plaisir avons-nous eu à débattre du sort du monde pendant mes études ! À argumenter sur le communisme, sur la guerre froide, sur le rôle de l'Allemagne, sur le Québec, sur la France. Mon père, homme cultivé, particulièrement amoureux de la France, de sa beauté, de sa vivacité, de sa culture et de ses saveurs, a toujours eu le cœur très québécois.

Voilà le Jacques que je connais. L'émotif sans fracas. Posé. Mesuré. Mais passionné. Passionné à aimer la vie. À aimer sa vie. Sa famille. Ses deux filles.

Et c'est surtout ça que je veux retenir de l'entrepreneur qu'il est. Prével et Jacques, ça ne faisait qu'un. Mais Jacques n'est pas seulement l'entreprise qu'il a créée. Et il le sait très bien. L'entreprise n'est pas le prolongement de lui-même. C'est pour ça qu'il a pu me laisser ce fauteuil rouge sur lequel je ne me suis pas assise. Je ne ferai pas les choses comme lui. Et il me dira que j'ai tout faux. Il me dira qu'il est content que ce ne soit plus son problème. Il se moquera de moi. Peut-être même avec un ricanement. Mais il sera terriblement fier. Je le sais.

Mon père n'a jamais écrit son titre sur ses cartes professionnelles. Quand on lui demandait ce qu'il faisait dans la vie, il répondait : « Je suis avec Prével. » Parce qu'il n'a jamais cherché la reconnaissance. Il n'a jamais eu besoin du regard des autres. Il n'a jamais fait les choses pour les autres.

Jacques est un homme de peu de mots. Il n'a jamais aimé parler de ses sentiments. Il est profondément équilibré, et on comprenait vite que sa vie intérieure était riche. Et c'est bien pour cela, pour transmettre cette richesse, pour faire vivre ce qu'il portait au plus profond de lui, qu'il a toujours cherché à susciter de l'émotion. Dans tous les projets qu'il a soutenus, il a toujours cherché à ne laisser personne indifférent. Il voulait faire vibrer. Il voulait que les clients de Prével ressentent quelque chose tout au long de leur parcours chez nous, jusqu'à la découverte de leur futur chez-eux.

Cette émotion qu'il voulait partager, c'était celle, par exemple, qu'il a toujours ressentie en admirant un marché aux fleurs. Ce mélange de lumière, de couleurs, d'odeurs. La fraîcheur matinale au cœur d'un village provençal. Vous me direz qu'on est loin du tumulte d'une métropole comme Montréal ; eh bien non. C'est bien ce que Jacques a toujours recherché dans ses projets. De la beauté. De la simplicité. De la finesse. De l'authenticité. Il cherchait à créer de l'émotion.

Nous pouvions le voir assis régulièrement dans son bureau, à la maison, avec ses piles de revues. Il découpait des idées, des détails, des inspirations. Quand on allait en voyage, on revenait avec des tonnes de photos d'architecture. Et c'était toujours un peu décevant pour nous, enfants, de faire développer le film.

Son amour du beau et du vrai participait à son bonheur. Le vrai. Le beau. Le bon aussi.

Il faut mentionner ici l'importance qu'ont toujours eue, pour mon père, la gastronomie et le vin. Autant de sujets, bien sûr, qui agrémentaient nos lunchs, surtout à ses retours de vacances. C'est alors que, passé le récapitulatif des journées manquées, il ne pouvait s'empêcher de me raconter son voyage, mais surtout de me décrire ses repas, ce qu'il avait mangé et, surtout, ce qu'il avait bu. Ces moments étaient particulièrement heureux pour moi parce que je le voyais s'enthousiasmer.

C'était ça, aussi, son côté européen : parler de tout et de rien pendant tout le dîner et prendre les dernières minutes pour régler ce pour quoi il rencontrait son interlocuteur. Il faisait ça avec tout le monde, y compris avec moi lors de nos lunchs hebdomadaires chez Graziella, rue McGill, assis à la table 45.

Mon père a toujours aimé manger, ce n'est un secret pour personne. Les repas en famille ont toujours été très importants. Comme dans beaucoup de maisons au Québec, nous avions une salle à dîner à la maison que nous utilisions lors des occasions spéciales, avec une belle nappe et des fleurs que mon père achetait spontanément en allant au marché parce que des fleurs, c'est beau, ça crée de l'émotion, ça rend heureux. Sauf que chez nous, tout était une occasion spéciale, les fêtes, les bons coups, les samedis soir… et même les dimanches soir ! J'étais donc habituée à vivre les relations humaines autour d'un repas.

Pour moi, c'était une seconde nature de regarder la vie à travers les conversations, à refaire le monde par la parole. Ce ne fut donc pas une surprise quand mon père me proposa de luncher alors qu'il visitait le projet sur lequel je travaillais à l'époque à Pointe-Claire, Le Cambridge. Jonathan et lui rencontraient l'équipe chaque semaine et mon père arrivait immanquablement plus tôt pour que lui et moi puissions prendre un repas ensemble. C'était toujours une bonne bouffe, suffisamment longue pour que nous puissions prendre une entrée, un plat et un dessert, inévitablement accompagnés d'un verre de vin rouge, et vraiment prendre le temps de nous parler.

Autant les discussions avaient toujours fait partie de nos vies, autant ces dîners ont été l'occasion d'apprendre à nous connaître. J'avais alors 22 ans. Le monde des affaires était tellement nouveau pour moi que tout ce que je découvrais me passionnait et je lui racontais des anecdotes de chantier, de clients, de collègues. J'aimais le faire rire, alors j'exagérais toujours un brin. Il m'agaçait et se moquait de moi, de mon inexpérience. Parfois, nous avions peu de choses professionnelles à nous raconter, alors nous parlions de politique, d'enjeux internationaux, du dernier livre ou du dernier film que nous avions vu. Mais d'autres fois, il y avait tant à dire, tant à argumenter sur les enjeux et le sort de

Prével ! Alors on s'obstinait, on discutait, et l'addition arrivait toujours beaucoup trop vite.

C'est devenu une tradition. Depuis les 15 dernières années, nous avons lunché ensemble toutes les semaines. C'est ce restaurant de la rue McGill qui a notre préférence. Presque toujours à la table 45, notre table. C'est l'endroit où nous avons discuté de tout et où je compte bien que nous continuions pendant longtemps à discuter de tout.

Comment expliquer ce que ces dîners ont représenté et représentent encore pour moi ? Ce fut une occasion formidable de développer une relation de connivence. Dans les premiers temps, je pense que Jacques jouait son rôle de père, mais petit à petit nous avons développé une forme de complicité d'affaires. Les premières années, j'étais en mode revendication. J'avais eu une idée et je voulais l'en convaincre à tout prix. Il me *challengeait*. Mais me laissait responsable d'implanter ou de convaincre. Je me cherchais aussi beaucoup dans les débuts, je me demandais quel métier je voulais exercer. On explorait. Je lui racontais ce que j'aimais de mon travail, ce que j'aimais moins. Tant de choses m'intéressaient. Je trouvais cruel d'avoir à choisir un seul métier que j'imaginais pour le reste de mes jours. Il m'accompagnait sans jamais vraiment me conseiller.

À travers ces lunchs, j'ai appris à mieux me connaître. À mieux connaître le monde du travail et à adoucir mon intransigeance ! Même si j'ai encore beaucoup à faire dans ce domaine. C'était souvent en effet l'occasion, pour mon père, de revenir sur mes sorties explosives et de se moquer gentiment de moi. Sans jamais s'imposer. Et c'est pour ça que pendant des années, je ne l'ai pas perçu comme un mentor. Quand il disait que c'est ingrat, des enfants… Mais j'avais tant de gens autour de moi, des gens compétents, expérimentés, qui me donnaient des conseils. Alors qu'avec Jacques, nous étions. Simplement, nous étions.

Il ne me disait pas comment penser. Il ne me disait pas quoi faire. Je réalise, tant d'années plus tard, que nous avons vécu une forme d'osmose. J'ai tellement été à ses côtés dans les dernières années. Je l'ai tellement vu interagir. Argumenter, réfléchir. J'ai observé ses réflexes. J'ai été attentive au ton de sa voix. À ses inflexions. J'ai constaté ses colères contenues. J'aimais m'imaginer dans sa tête. Quand il ne parlait plus, j'essayais de comprendre le cheminement de ses pensées. Pourtant, au travail, on ne parlait pas autant. Mais quand on se retrouvait pour notre lunch hebdomadaire, je pouvais le questionner, essayer de le comprendre. Je me faisais de petites listes de questions à lui poser pour être sûre de ne rien oublier. Il se faisait ses listes à lui de choses qu'il n'avait pas eu la chance de me dire. Et en réfléchissant à toutes ces petites choses qu'il écrivait sur sa liste, je me rends compte aujourd'hui qu'il m'orientait et me façonnait, mais sans en avoir l'air, et je n'ai rien vu aller ! C'est ainsi que j'ai pu apprécier son talent de négociateur.

Mon père est un solitaire. Il marche beaucoup. Il prend du temps lors de trajets en voiture pour réfléchir à toutes les éventuelles possibilités. C'est son approche face à la négociation : prévoir les réponses de tous ses interlocuteurs et ensuite prévoir les scénarios sous chaque angle.

Je l'ai toujours perçu comme un grand négociateur. Peut-être parce que j'ai tant négocié avec lui pendant ma jeunesse et que j'ai rarement gagné ! Et même si je revenais inlassablement à la charge, il avait toujours la patience d'argumenter et de négocier avec moi. Je ne sais pas s'il savait que déjà il me formait pour le futur ! Quand mes demandes étaient raisonnables, il essayait généralement de trouver un terrain d'entente. Il m'enseignait qu'il était essentiel de faire des compromis. De se rejoindre quelque part. Et pour lui, il y avait toujours moyen de se rejoindre. Même avec moi, il avait le souci de couvrir tous les angles. D'essayer de déterminer dès maintenant quelles seraient les sources de conflit possibles et de régler ceux-ci en amont.

J'ai eu la chance de le voir négocier avec des partenaires potentiels à quelques reprises. Pas assez, cependant, parce que je pense que j'aurais pu apprendre encore et encore. À ses côtés, je sentais tous ses sens en éveil pour essayer de saisir l'ensemble de la situation, pour avoir le plus d'éléments d'information possible. Et pour, encore et toujours, trouver la situation de compromis. Pour qu'il y ait de la place pour tout le monde. Pour que tout le monde y trouve son compte. Avec respect et humour. Je pense que c'est une des parties de son métier qu'il aimait le plus. Je le voyais commencer à discuter et entrer dans le jeu. Parce qu'à ses yeux, c'était bien un jeu, autant la négociation que l'argumentation.

Nos discussions à la table 45 étaient aussi une forme de négociation. Nous discutions des enjeux auxquels l'entreprise faisait face. Nous réfléchissions à la meilleure façon d'appréhender les problèmes. Nous argumentions sur nos goûts personnels et le design des projets. Tout y passait. Et quand la conversation allait bon train, quand on se permettait de refaire le monde, quand on réglait le sort de l'humanité, alors là, le deuxième verre de vin arrivait malgré nous. On rigolait en se regardant et on se répétait la même phrase : « Il doit y avoir un trou dans le verre ! » Ces petites phrases répétées. Ces points de repère. Ces bouées. Ces marqueurs nous ont accompagnés à travers toutes ces années et nous ont tant rapprochés. Et quand arrivait le café et qu'on avait fait le tour de nos listes respectives, on se disait, et on se dit encore d'ailleurs : « On n'a plus rien à se dire ? On a tout réglé ? » Et on partageait ce sourire moqueur qui sait trop que demain sera toujours à reconstruire.

Avec un peu de nostalgie, je réalise que j'aime les traditions. J'aime savoir qu'on se retrouve les mardis à midi au même endroit, ensemble. Cette pause dans la semaine, c'est l'occasion de s'agacer, de prendre le pouls, de faire le point, mais c'est aussi l'occasion pour moi de me recentrer.

Durant ces dîners, je posais mes questions sur le passé, sur l'avenir. C'est à cette table que nous avons cheminé lentement, très lentement, sur la question de la relève.

Si vous saviez combien de fois je l'ai questionné sur son rapport à l'entreprise. Sur sa retraite. Alors que moi, j'aime Prével d'amour, pour Jacques, Prével, c'est l'amour de ce qu'il y accomplit chaque jour. C'est une nuance, mais la différence, c'est que puisqu'il n'y travaille plus, il ne s'y projette plus. Il est donc détaché de la façon dont j'ai pris sa suite.

Depuis la transition, je lui demande sans arrêt comme il se sent, comment il prend les choses, et lorsque inévitablement il me répond qu'il vit bien ça, qu'il est satisfait, j'ai du mal à le croire. Alors je le questionne encore et encore. Et on parle de sa retraite, de la façon dont il organisera désormais sa vie. De ses craintes, de ses projets.

Dans un article à son sujet, j'ai lu une phrase que je l'ai entendu dire souvent : « Réussir en affaires, c'est prendre plus de bonnes décisions que de mauvaises. » Et c'est une belle façon de décrire son pragmatisme et son humour. C'est ainsi qu'il m'a appris à approcher beaucoup de choses. Ces lunchs ont toujours été beaucoup plus que l'occasion de faire des apprentissages en affaires, mais bien de petits moments arrachés à une vie qui va trop vite. Le temps de prendre une pause, de faire un pas de côté, de passer en revue les derniers jours. Discuter de littérature, de philosophie, du dernier documentaire qu'il a vu, de l'actualité, d'une rencontre particulièrement intéressante... Autant d'occasions de mieux se comprendre.

Encore plus, Jacques m'a appris à prendre le temps avec les gens. C'est gênant à dire, mais nous mangeons pendant généralement plus d'une heure et demie. Je pense qu'à son époque, c'était monnaie courante, c'est comme ça qu'on faisait des affaires. Avec les banquiers, les collaborateurs, les partenaires financiers. Aujourd'hui, il est triste de constater que l'on ne prend plus le temps de connaître les gens, de parler de tout et de rien. Une rencontre de 30 minutes au bureau peut paraître effectivement beaucoup plus efficace qu'un lunch de 90 minutes, mais c'est moins enrichissant. Autant au point de vue humain que du point de vue des affaires.

Je l'ai souvent accompagné dans des lunchs avec des partenaires potentiels ou des collaborateurs. Je le voyais prendre son temps. Je le voyais s'intéresser à tout de l'autre. Je le voyais raconter ses histoires préférées, certaines entendues des dizaines de fois – et qui me font encore rigoler. Je le voyais mettre la table, puis prendre le temps de connaître son interlocuteur. Il se faisait plaisir et appréciait les gens pour ce qu'ils sont. Et je dois avouer qu'il m'a communiqué ces plaisirs de la table. Autant la bonne bouffe et le bon vin que le plaisir de vraiment prendre le temps avec les gens. Le plaisir d'apprécier l'intelligence et l'humour des autres. Le plaisir d'être emportée par une conversation, par un sujet. Le plaisir d'être surpris par la vivacité de certains. Et je dois avouer que depuis quelques années, c'est une des choses que j'apprécie le plus de mon métier. Ces rencontres quelquefois un peu forcées qui finissent par être la source de découvertes extraordinaires. Je suis fascinée par la quantité de gens passionnants que je rencontre. Leur expertise, leurs intérêts, leurs rêves.

À Montréal en particulier, j'ai l'impression qu'on entre plus facilement en contact. Les gens se regardent dans les yeux quand ils marchent dans la rue. Ils se sourient parfois sans se connaître. Ils échangent quelques phrases moins anodines qu'ailleurs. Mais, surtout, quand ils se rencontrent, ils se donnent la peine de se parler vraiment. C'est quelque chose qu'on sous-estime beaucoup, mais avoir une véritable conversation qui dépasse la politesse avec un étranger, c'est un privilège qui n'existe pas partout.

Ce n'est pas chaque fois, mais généralement, si l'un des deux interlocuteurs baisse la garde et se montre un peu tel qu'il est, l'autre suit spontanément. C'est une richesse incroyable que de pouvoir, comme ça, sans raison réelle, accéder à un nouvel être humain. On oublie trop souvent, parce qu'on est occupés à faire des affaires, que ce sont des humains que l'on rencontre et que l'on est drôlement chanceux de pouvoir rencontrer autant de gens nouveaux, d'avoir autant d'occasions d'ouvrir nos horizons, d'apprendre de nouvelles choses, de découvrir de nouvelles perspectives. Il faut prendre le temps. Je ne peux pas dire que je dois seulement à mon père cette approche des relations en affaires parce que ma mère a joué un grand rôle dans le partage de son amour de l'autre, de son intérêt pour l'autre. Mais je dirais que dans mes années de travail aux côtés de mon père, je l'ai beaucoup vécu. Et je l'ai vécu principalement autour d'une table.

Développer son réseau, échanger des cartes professionnelles. Pour moi c'est beaucoup plus fort d'échanger des adresses de voyage ou des souvenirs d'enfance que de chercher à renflouer son LinkedIn.

C'est ça et ô combien de milliers d'autres choses que ces lunchs m'ont apportés. Et je réalise que je ne pourrai jamais rendre justice à ces centaines d'heures que Jacques et moi avons partagées. Mais la beauté d'écrire ces lignes, c'est que j'en ai pris conscience comme jamais auparavant.

Aujourd'hui, ces lunchs sont pour moi encore plus précieux alors que je dois composer avec un emploi du temps toujours plus chargé. Je l'entends me dire : « C'est pour ça que tu te permets de me *flusher* pour d'autres ! », mi-indigné, mi-amusé. Depuis quelque temps, depuis qu'il n'est plus impliqué dans les opérations, nous ne passons plus autant de temps ensemble au travail. Les réunions pendant lesquelles je pouvais être témoin de son savoir-faire se font plus rares. Alors je me dis que bientôt, il ne me restera plus que nos lunchs. Il ne restera plus que ces quelques heures pour nous rejoindre, pour nous recentrer.

Jacques et moi avons souvent des pensées similaires, nous sommes souvent du même avis. Ce n'est pas que je n'aie pas mes propres opinions, bien au contraire, mais après avoir passé tant de temps ensemble, avoir tant discuté de tout, j'ai inévitablement été influencée.

Il m'a traînée à un âge peu probable à des tables peu probables où j'ai eu la chance d'être parmi les grands. D'être témoin qu'il faisait partie des grands. À la table du maire, à des panels, des conférences, des réunions.

Je me souviens d'avoir 22 ou 23 ans et d'être avec lui dans le bureau d'un avocat. La situation est délicate, je ne me souviens pas des détails, mais il me dit qu'il veut que je sois là, que je comprenne le raisonnement juridique, que je sois en contact avec cet avocat qu'il trouve particulièrement *sharp*. Et pour Jacques tout était dit. S'il considérait quelqu'un comme étant «*sharp*», c'est que cette personne avait gagné son estime. Ce n'était pas juste de l'intelligence, c'était de la débrouillardise, une capacité à comprendre l'ensemble de la situation, les enjeux humains autant que financiers, et à se faire une opinion réfléchie et réaliste.

Je me souviens d'une conférence à laquelle j'avais assisté. La première durant laquelle je le voyais intervenir. Il était un des conférenciers principaux. Il était éloquent, son savoir était pertinent, il avait ramassé ses idées, il se faisait un devoir de ne pas s'étirer, d'être concis et dense. Quand il eut terminé, je débordais de fierté. De fierté d'être sa fille, de fierté qu'il soit mon père. Sa prestance m'était apparue plus grande que jamais. Quelle chance de pouvoir connaître son père sous cet angle-là.

Jeune, je n'ai jamais vraiment pris conscience des accomplissements de mon père parce qu'il n'en avait jamais parlé. Mais au fil des années durant lesquelles j'ai travaillé à ses côtés, j'ai été témoin de ce qu'il dégageait auprès des autres. Un jour, un de nos collaborateurs de longue date, alors que nous sommes tous les deux dans l'attente d'une remise de prix, me parle de mon père, des nombreux prix qu'il a gagnés dans le passé. Et il me dit simplement comme si c'était une évidence : « Ton père, lui, c'est tout un gagnant. »

— Il a gagné beaucoup de prix ? lui demandai-je en éclatant de rire.

— Oui, mais ce n'est pas ce que je veux dire. Ton père est quelqu'un qui est né pour avoir du talent, pour gagner, pour se dépasser.

Et effectivement, les vieux articles dans lesquels on parle de lui m'ont laissé exactement ce sentiment. J'ai été déconcertée de voir qui il était à l'époque alors que je le trouvais si tranquille à la maison, ne parlant jamais de son travail. Je le voyais comme une adolescente peut voir son père... Pendant ce temps-là, il était considéré comme un des jeunes de moins de 40 ans les plus prometteurs de leur génération. Il allait changer la ville et l'habitation.

Alors, au fil des ans, ce qui était un lunch plutôt anodin avec mon père est devenu un moment particulièrement privilégié. Plus je prenais conscience de ce que représentait mon père dans le domaine qui était le sien, plus je prenais conscience de la chance que j'avais de l'avoir juste pour moi pendant toutes ces heures. J'ai toujours posé beaucoup de questions, j'ai même tenté d'entrer dans sa tête. Et il m'aura fait ce cadeau de me laisser faire.

FENÊTRE 3

Fort Prével

Excessif et impulsif, mon grand-père avait toujours mille et un projets en tête. Il a un jour acheté de vieux pylônes d'Hydro-Québec. Des structures immenses. Et il s'en est servi pour refaire la salle de réception de son hôtel. Une salle pouvant accueillir 650 personnes, la plus grande de la région de Berthier.

Un autre soir, il était revenu en annonçant qu'il avait acheté tous les panneaux des cabines téléphoniques de Bell Canada de la région. Les cabines de bois étaient en effet remplacées à l'époque par celles que nous avons connues en verre et en aluminium. Et quand on lui avait demandé ce qu'il en ferait, il avait simplement répondu : « J'ai eu un bon *deal,* on trouvera bien quelque chose à faire avec ! » La première chose qu'il fit, ce fut de construire, avec quelques panneaux des cabines, un hangar pour les ranger ! Et il avait fini par jouer à l'entrepreneur général pour pouvoir écouler ces milliers de panneaux entreposés. Bien que Jacques n'ait jamais travaillé en construction avec son père, peut-être tout cela était-il précurseur de ce qu'il bâtirait plus tard.

Mais comme tout entrepreneur, mon grand-père n'a pas connu que des succès. Les hauts et les bas se sont succédé. Jacques aura été témoin, durant toute son enfance, de la résilience de son père. Il aura baigné dans le commerce, l'entrepreneuriat, les affaires et, surtout, la débrouillardise !

À 12 ans, Jacques servait quelquefois au restaurant de l'hôtel de son père quand le besoin s'en faisait ressentir, mais il travaillait principalement à l'entretien extérieur du motel familial. Cet établissement était fréquenté par des représentants de commerce, nombreux à l'époque. Comprenant l'importance accordée à leur véhicule (et pour ajouter à sa paye), Jacques leur proposait de laver leur auto. Ceux qu'il réussissait à convaincre le payaient grassement, du moins aux yeux de l'enfant qu'il était !

Particulièrement actif pendant ses années étudiantes, Jacques s'est impliqué autant au collège qu'à l'université. Au collège de Joliette, président des étudiants et de la coopérative étudiante, il est parvenu à rentabiliser ce dernier organisme grâce à la vente de cartes de membre à cinq dollars et à la vente de marchandises à prix coûtant. La coopérative devint alors le plus gros vendeur de cigarettes de la région parce que leur prix y était beaucoup moins élevé qu'ailleurs. Ce fut un si grand succès que la mairie de Joliette, devant la colère des commerçants, a dû s'en mêler. À l'Université de Sherbrooke, il est devenu président de l'association des étudiants de la Faculté d'administration et même, pendant un certain temps, directeur général des services alimentaires pour l'ensemble de l'université. C'était un organisme d'envergure et Jacques s'est laissé prendre au jeu. Ce n'étaient ni le prestige ni le pouvoir qui l'intéressaient dans ces associations étudiantes, mais bien sa détermination à réussir, à faire marcher les choses, à défier l'aspect commercial.

Malgré ce goût pour l'action et l'implication, la vie ne prédestinait pas Jacques à se lancer dans le domaine de la construction. Titulaire d'une maîtrise en finances de l'Université de Sherbrooke, il a d'abord tenté de travailler dans son domaine. Il a essayé quelques emplois qui n'ont été que de courte durée. Après l'obtention de son diplôme, il avait pourtant l'embarras du choix avec sept offres d'emploi. Il a refusé une dans la fonction publique fédérale parce que ce n'était pas en lien avec la finance. On disait autour de lui : « Voyons Jacques ! Ça n'a pas de bon sens de refuser ça, une job assurée avec tous les bénéfices que ça comporte ! »

Cette sécurité n'avait aucun intérêt pour lui, bien au contraire. Alors qu'à l'époque, le commun des mortels rêvait de bien se placer et d'envisager une longue et paisible carrière, souvent entre les mêmes murs, Jacques avait cette confiance fonceuse, cette soif de liberté qui l'empêchaient de se résoudre au conformisme.

Il voulait mettre en application ce qu'il avait appris, il voulait se former davantage. Et le monde bancaire lui donnait l'impression que c'était un bel endroit pour progresser. Il ne se voyait pas faire carrière dans ce domaine, mais croyait que ça lui permettrait de s'ancrer à Montréal, de se développer un bon réseau de contacts, d'apprendre et après, qui sait où ça finirait par le mener.

Il ne pouvait pas savoir que sa carrière bancaire serait d'aussi courte durée. Après une première semaine de formation, on l'a rencontré pour lui exposer son plan de carrière, pour lui expliquer le parcours qu'on lui traçait pour les prochaines décennies. Et il a vite compris que ses premières années seraient dictées à la lettre par le code de réglementation de la banque et l'application de procédures de toutes sortes. Il avait naïvement pensé qu'il pourrait rapidement être partie prenante de décisions financières et accompagner des entreprises. Ce conservatisme n'était définitivement pas pour lui et il quitta la banque après trois semaines, sans rien d'autre devant lui que cette nécessité d'être libre et de trouver sa voie.

Il relança son réseau de l'Université de Sherbrooke et se vit offrir un emploi d'adjoint au doyen de la Faculté d'administration. Le doyen, issu de l'entreprise privée, se concentrait sur le rayonnement de l'université et le financement, ce qui laissait beaucoup de place à Jacques dans la gestion de la faculté. Il était dans l'action, il se sentait utile et il pouvait mettre toute son énergie et son ingéniosité à profit. Le doyen avait aussi créé une firme de consultants afin de favoriser la proximité entre l'université et le milieu des affaires. Jacques se retrouvait donc à remplir les mandats qui ne trouvaient pas preneur auprès des professeurs. Il a ainsi touché à toutes sortes de créneaux dans le domaine de l'analyse financière. Ce fut pour lui un premier et riche contact avec l'entrepreneuriat et les PME. Après deux ans, il décida de suivre le chemin de la consultation qui, pensait-il, allait lui permettre d'être dans l'action, d'être en contact avec des entreprises en plein développement.

De retour à Montréal, il se dirigea vers une grande firme de consultation et eut la chance de travailler sur de beaux mandats comme celui de la fusion de Métro avec Richelieu. Mais la consultation étant ce qu'elle est, les mandats n'étaient pas tous d'ordre financier, ni toujours très stimulants. Encore là, il sentait qu'on lui demandait de rentrer dans le rang et sa fougue naturelle le poussa, de nouveau, à remettre sa démission alors qu'il n'avait rien devant lui. Mais cette fois-ci, c'était fait un peu plus consciemment. Il savait qu'il voulait être son propre patron, se retrouver un jour à son compte. Pour y arriver, il devait accepter de se mettre dans une position inconfortable. Il devait se retrouver sans filet. Son plan était de se dénicher un nouvel emploi dans lequel il pourrait être le bras droit d'un président pour apprendre comment fonctionne l'entreprise de l'intérieur et, un jour, pouvoir reprendre cette compagnie ou une autre.

Quand il m'a raconté toutes ces histoires, des années plus tard, ces décisions semblaient aller de soi, semblaient faciles, mais ma mère veillait et le ramenait à la réalité. Autant elle l'encourageait à quitter un emploi qui le rendait malheureux, autant elle lui rappelait leur situation financière. Au cours de cette période, leur situation était particulièrement précaire. Elle poursuivait ses études en droit et ils avaient une maison à payer…

Ainsi, cette détermination à être libre l'a poussé à mobiliser son réseau une fois de plus. Il approchait ses relations d'affaires : « J'ai besoin de 14 000 dollars par année pour vivre, je cherche n'importe quelle occasion qui me permettra d'être dans l'action au cœur d'une entreprise. »

Le destin fit que ce fut un entrepreneur général ayant décidé de s'improviser constructeur résidentiel qui le rappela. Cet entrepreneur avait commencé à construire 16 maisons qu'il n'arrivait pas à vendre sur un projet totalisant 42 résidences. Il s'agissait de maisons luxueuses pour l'époque, valant 75 000 dollars, un produit relativement rare. Jacques lui a demandé un salaire de 14 000 dollars pour être le directeur général de ce projet.

Ça faisait plus d'un an que le projet était en vente quand Jacques s'est joint à l'entreprise et aucune maison n'avait trouvé preneur. Jacques entreprit de travailler la mise en marché, d'ajuster le produit là où il le pouvait et de faire avancer, au meilleur de ses capacités, le chantier. N'ayant aucune compétence en construction, n'ayant jamais travaillé ni de près ni de loin sur un chantier, il demanda à ce que l'entreprise lui envoie un surintendant fiable sur lequel il pourrait compter pour finaliser la construction des maisons de la première phase. Le président l'a informé, quelques semaines plus tard, que ses surintendants étaient tous occupés sur des projets beaucoup plus importants. En guise de compromis, il lui suggéra de passer au bureau chercher les plans des maisons : «Je vais te donner une liste de sous-traitants et tu devrais être capable de te débrouiller avec ça.» Un peu déstabilisé, Jacques a tout de même pris en charge le chantier. Il avait cette soif de réussir pour se prouver à lui-même qu'il pouvait mener une entreprise, peu importe les difficultés. De directeur du projet, il était devenu promoteur bien malgré lui. Son besoin d'action et d'implication était bien servi !

Et il gagna son pari ! Il réussit à vendre les maisons de la première phase et, surtout, à en terminer la construction. Une fois le plus difficile passé, il était prêt à s'attaquer à la deuxième phase. Mais son patron préféra vendre les terrains restants, se concentrer sur ses activités d'entrepreneur général et abandonner la promotion. Jacques avait réussi à le sortir d'une situation délicate, et il avait fait un si bon travail qu'on n'avait plus rien pour lui ! Il se retrouvait, encore une fois, devant le néant. À devoir se chercher de nouveau un autre emploi. Il avait toutefois goûté à la vie qu'il voulait mener.

Il s'était trouvé. Il allait construire pour lui-même.

Il a relancé son réseau pour trouver du financement, un partenaire ou une occasion qui lui permettrait de se lancer. Un promoteur de terrains l'a rappelé. Celui-ci financerait le projet grâce à la valeur du terrain et Jacques s'occuperait de tout le reste : l'administration, le produit, la mise en marché, la construction, tout ! Les profits seraient partagés également. Pas de salaire, et aucune garantie jusqu'à la livraison des premières maisons, c'est-à-dire dans plus d'un an. C'était un pari très risqué. Mais ma mère avait fini ses études et pouvait soutenir le couple avec ses revenus annuels de 11 000 dollars…

Sont alors nées « les Habitations Jacques Vincent ».

Au moment où il lançait son entreprise, ma mère était enceinte de ma sœur. Il fallait être complètement fou ou vraiment inconscient pour se lancer à ce moment précis. Mais il avait cette soif de liberté incroyable. Et c'est ce qui propulsait Jacques : ce besoin d'être libre.

Un an plus tard, toutes ses maisons étaient vendues. Les livraisons de celles-ci étaient prévues pour le 1er juillet. Il était si occupé à construire, vendre et livrer ses 25 maisons qu'il fut agréablement surpris lorsqu'il récolta ses premiers dollars. En effet, tous ces mois à se battre continuellement et à surveiller son cash-flow pour réussir à payer ses sous-traitants à temps lui avaient permis de réaliser des profits.

Puis, une deuxième année à appliquer ce même régime lui permit d'acheter ses propres terrains.

J'ai souvenir d'une histoire que mes parents ont souvent racontée. Mon père rentre tout excité à la maison. Il veut emmener ma mère voir sa première construction. Ils ramassent leurs affaires, sont prêts à partir, et c'est ma mère qui s'arrête sur le pas de la porte… Ils étaient tellement emballés qu'ils allaient partir sans le bébé ! Jacques retourna chercher ma sœur à toute vitesse. Nous avons, encore aujourd'hui, dans un vieil album jauni, la photo de mon père qui pose fièrement devant sa première maison avec ma sœur dans les bras.

Dans les premiers temps, Jacques avait du mal à croire ce qui lui arrivait. Il avait toujours peur que personne n'achète les maisons qu'il construisait. Chaque fois qu'il terminait une maison modèle, toujours plus audacieuse que la précédente, il disait à ma mère : « Si personne ne l'achète, nous irons vivre dedans ! »

Mes parents n'ont déménagé qu'une fois. Et ce ne fut pas dans une maison invendue !

Pour mon père, se lancer en affaires était une question de liberté. Il souhaitait plus que tout être son propre patron. Et pour y arriver, il était prêt à se jeter dans le vide, à faire face à de grandes incertitudes. Sans filet. Sans rendre de comptes à qui que ce soit. Faire les choses à sa façon pour être parfaitement maître de sa destinée.

C'est peut-être une des choses les plus marquantes de mon enfance : cette liberté farouche que défendait mon père. Je me souviens qu'il était sur le conseil d'administration de notre collège, un endroit plutôt traditionnel, mais où les élèves ne portaient pas d'uniforme. Et tous les deux ans, un débat sur le port de ces uniformes refaisait surface. Le corps enseignant et les surveillants le souhaitaient pour simplifier les éternels combats disciplinaires. Mais aussi longtemps que Jacques a été sur le conseil, il s'est battu contre cette mesure : « Il n'y a que deux types de citoyens qui portent des uniformes dans notre société : les soldats et les prisonniers. Est-ce que c'est ça que vous voulez faire de vos élèves ? » Le débat s'arrêtait là. Il faut dire que sa façon d'argumenter… ne laissait pas beaucoup de place à l'argumentation !

Je suis retournée au collège il y a quelques années et l'uniforme avait été imposé. Je n'ai pu m'empêcher de penser à mon père, d'imaginer son haussement d'épaules. Il savait bien que l'uniforme facilitait la vie des parents et du corps enseignant. Mais il était convaincu qu'il était plus important d'encourager les jeunes à se forger une identité, à faire des erreurs, à s'ajuster. Il avait défendu ce en quoi il croyait aussi longtemps qu'il avait été membre du conseil, aussi longtemps que ses filles avaient été présentes au collège.

Refuser le conformisme et les carcans. Rejeter les idées préconçues. Ce sont bien là les bases de Prével.

Ma mère n'a jamais été impliquée dans l'entreprise familiale. Pourtant, beaucoup de femmes sont présentes dans les affaires de leur mari. Mais ma mère avait sa carrière bien à elle. Elle avait étudié le droit, terminé son barreau et finalement choisi le notariat pour travailler, elle aussi, avec… son père ! Elle avait sa propre étude à Joliette et était parfaitement indépendante. Indépendante, mais présente et solidaire de mon père, de ses choix. Elle le savait fonceur, entêté et persévérant. Et elle le voulait heureux, même au prix d'une certaine insécurité financière. Elle savait que le choix de l'entrepreneuriat lui allait parfaitement. Elle était prête à être l'élément stable du couple, et pas seulement sur le plan financier. Elle était prête à mettre sa carrière un peu en veille pour tenir le fort de la famille. Elle était prête à vivre plus frugalement pour le voir heureux. Il faut les entendre parler encore aujourd'hui de leurs économies de bouts de chandelle de l'époque. « Il n'y a pas de petites économies » était une des phrases préférées de ma mère pendant notre jeunesse.

Ils avaient peu de dépenses et bien que les vacances étaient sacrées, comme elles l'ont été toute notre vie, leurs destinations n'étaient pas extravagantes, trop « cassés » qu'ils étaient pour rêver à l'Europe.

C'est donc en Gaspésie, en camping, qu'ils prirent leurs vacances en ce premier été en affaires. Et cette destination changea le cours de la vie de la jeune entreprise de mon père. Ils passaient des vacances magnifiques. Ils étaient bien. Sans le sou, mais bien. Ils se sont tout de même payé un bon repas à l'Auberge Fort-Prével. Le vin était bon. Ce qu'ils ont mangé aussi. Ils étaient heureux. Ils se sentaient chanceux. La vie leur souriait. Ils se sont promenés sur le bord de la mer après le repas dans le hameau de Prével. Le soleil couchant. C'était leur définition du bonheur. Et ce bonheur, ils avaient envie de le ramener dans leur quotidien. C'est comme ça que « les Habitations Jacques Vincent » sont devenues « les Habitations Prével ». Et j'ai l'impression que l'entreprise porte toujours en elle ses origines. Ce *magic hour.* Cette couleur du soleil sur les visages des gens qui fait que le monde est beau. Cet amour de l'instant présent existe toujours chez Prével. 40 ans plus tard.

C'est donc ainsi, et pas autrement, que Prével est né. D'un voyage d'amoureux. D'un souper d'épicuriens. D'un entrepreneur heureux.

FENÊTRE 4

Le fauteuil rouge

Il m'a fallu trois mois, et un peu de pression de la part de Jonathan, mon nouveau partenaire, pour me résoudre à quitter les bureaux à aire ouverte du marketing et à emménager progressivement dans le bureau qu'occupait Jacques.

Inconsciemment, j'avais du mal à accepter qu'une page se tournait. Que j'étais vraiment devenue coprésidente de Prével. Que ma vie professionnelle venait de changer. Que mon père, avec qui je travaillais depuis près de 15 ans, ne serait plus à mes côtés tous les jours.

Il y avait un peu de tout cela dans ma résistance à traverser le couloir et à m'installer dans ce bureau où trônait un fauteuil rouge.

« Quand la relève est prête, il ne faut pas éteindre la flamme, mais bien au contraire la laisser briller », avait déclaré Jacques publiquement. C'était une preuve de sa sagesse et aussi le signe d'un certain détachement. Mais c'était également un signe de sa confiance en mes capacités. Il faut croire que mon père pensait que j'étais prête. Qu'il pouvait sereinement passer la main.

De façon plutôt désinvolte, je n'ai jamais douté de mes prédispositions à diriger une entreprise. Je doutais plutôt d'avoir un talent à la hauteur de celui de mon père. Comment penser en effet que j'allais être en mesure, à mon tour, de démontrer cette audace, cette vision, cet acharnement et, surtout, ce génie dont a fait preuve Jacques durant cette grande aventure qu'a été celle de Prével depuis 1978 ?

Sans m'en rendre compte, ces doutes se sont incarnés dans ce bureau et surtout devant ce fauteuil rouge. Celui de Jacques. Celui sur lequel, même installée dans le bureau que fut celui de mon père, je ne me suis pas assise… mais il y avait plus.

Il y a quelques années, quand on a commencé à penser à la relève, je discutais avec une employée et je lui disais que Jacques pensait à ralentir, qu'on était dans un processus de réflexion pour que je reprenne sa place. Elle m'a alors regardée avec douceur, mais avec beaucoup d'aplomb : « Tu ne prendras jamais la place de Jacques. Jacques est qui il est. Il a l'expérience qu'il a. Non, toi, tu seras toi. Tu devras trouver une place bien à toi. Tu devras te la faire, cette place. »

Cette perspective ne m'effrayait pas, bien au contraire. J'avais des millions d'idées, des millions de projets, mais soudainement, face à ce fauteuil rouge, face à la réalité, c'est l'image qui ne collait pas. Je n'arrivais pas à me percevoir comme une patronne.

Pour moi, Jacques a toujours eu cette prestance naturelle. Certains de nos employés l'appellent

« Monsieur Vincent » plutôt que Jacques parce que, viscéralement, il a la stature d'un président. Mais moi ? Avec mes cinq pieds deux pouces, mes jeans, mes baskets et ma queue de cheval de gamine, qui pourrai-je bien berner ? Devrai-je jouer à la patronne ? Être plus sérieuse ? Surveiller tout ce que je dis ? Aurai-je encore le droit de déconner ?

Une étude Bpifrance, parue en novembre 2016 et rapportée dans *L'Express,* a déjà mis en lumière la solitude des patrons : « Ce qui est difficile, c'est que l'on cesse d'être ce que l'on est, pour être ce que l'on représente. On doit avoir une spontanéité maîtrisée. Tout est sujet à interprétation. Un décalage se crée également parce que les gens ne vous disent plus les choses[6]. » Cette solitude, je l'ai soudainement comprise. La coprésidence me donnait un collègue, mais un couloir et un bureau fermé me séparaient de plusieurs autres…

Si, pour Sartre, l'enfer, c'est les autres, pour moi, mon plaisir, c'est les autres ! Ce sont les interactions, les éclats de rire, les coups de gueule, les débats, la camaraderie. J'aime que l'on puisse se donner la liberté de se moquer les uns des autres. J'aime les humains en général, mais il me semble que ceux qui font Prével me sont particulièrement attachants.

---

6. Tiphaine Thuillier, *Solitude des patrons : « Ils confondent trop souvent responsabilité et culpabilité »*, https://lentreprise.lexpress.fr, publié le 3 novembre 2016.

D'ailleurs, dès que j'en avais eu la possibilité, j'avais fait tomber les murs de mon bureau de vice-présidente marketing et je nous avais fait faire une belle aire ouverte pour que nous puissions mieux interagir, pour que nous nous sentions plus proches les uns des autres. Mais aussi pour que je puisse être partie intégrante du groupe. Pour que je puisse être « *one of the boys* ».

J'avais en effet peur de ne plus accorder assez d'attention à ce qui compte vraiment dans une entreprise : les gens qui la composent. Et j'avais surtout peur de perdre cette proximité, cette complicité qui était la base même de mon bien-être. Pour mon père, le plaisir au travail se trouvait dans la réalisation de projets. Il faisait des choses. Il accomplissait. Il se dépassait. Pour moi, cependant, le plaisir au travail a toujours été de faire ce travail avec d'autres. De partager. D'avoir le sentiment de faire avant tout partie d'une équipe.

J'ai travaillé quelques mois aux États-Unis dans une boîte de publicité quand j'avais 18 ans. Mon patron était un homme d'un certain âge. Alors que je faisais des tâches plutôt routinières, seule dans mon coin, qui ne correspondaient pas à mes attentes, il me demandait sans arrêt : « *Are you having fun right now ?* » Je ne comprenais pas sa question. Je n'avais pas de *fun* du tout. J'avais imaginé vivre l'intensité et l'effervescence du travail collaboratif, mais je ne faisais que du travail administratif en solitaire…

Aujourd'hui, c'est cet indice-là, cette mesure-là qu'on doit prendre régulièrement. Je me le demande souvent à moi-même : « *Are you having fun right now?* » Ça ne veut pas dire que chaque seconde de ma vie soit une partie de plaisir. Mais même quand j'ai une journée plus difficile, quand je m'arrête et que je me demande si j'ai du *fun,* je suis toujours capable de répondre oui. Et on s'entend, le plaisir est souvent dans le défi ou dans la vision du but à atteindre, mais c'est cette adrénaline-là qui m'enthousiasme tous les jours.

J'ai déjà précisé dans une entrevue avec un journaliste que je n'envisageais pas à tout prix de passer ma vie dans l'entreprise. Que j'allais réévaluer mon bonheur sur une base régulière et faire les ajustements nécessaires, mais que je me donnais cinq ans sans trop me poser de questions parce que je savais que les premières années allaient être plus difficiles avant de trouver mon rythme de croisière. Et qu'après cinq ans, je ferais le bilan, je ferais le point et je me donnerais la chance d'ajuster, de corriger, de réorganiser ou de constater tout simplement que la vie de dirigeante n'était pas faite pour moi et que je n'avais en définitive pas de plaisir à poursuivre l'aventure. Un employé m'avait alors accrochée pour me demander s'il allait devoir se chercher un emploi dans cinq ans…

Je n'ai pas eu les bons mots pour lui répondre. J'ai bafouillé quelque chose de vague. Ce que j'aurais dû lui dire, c'est qu'avec ou sans moi, l'entreprise continuerait. Elle ne serait pas la même. Elle n'est déjà plus la même depuis que Jacques n'est plus coprésident, mais elle continuerait. Que ce que je pouvais promettre cependant, c'est qu'il n'y aurait pas, à la tête de cette entreprise, un ou une dirigeante qui ne faisait pas preuve d'un véritable enthousiasme à mener les troupes.

Ce dont je ne doute pas aujourd'hui, malgré les défis et tout le changement, c'est que j'ai du plaisir à faire ce que je fais. Que ce plaisir est essentiel à ma vie, que c'est ça qui me guide. Ça peut sembler superficiel, mais il est là, le fondement de mon cheminement.

Quand la relève a été annoncée, j'ai souvent entendu : « C'est une grosse entreprise, ce sont de grands souliers à chausser… » Et on me demandait inévitablement si j'avais peur de me planter ! Si j'avais alors moindrement douté de cet amour profond envers mon travail, envers Prével, j'aurais tremblé de tout mon être et je me serais probablement terrée quelque part !

J'ai heureusement toujours eu, et j'ai encore, cet optimisme, cette naïveté, cette insouciance chevillés au corps. Cette certitude que tout va bien aller. Cette conviction profonde, teintée d'un peu d'inconscience, que je pourrai assumer. Certains pourraient percevoir cela comme une douce illusion. Mais c'est une décision quant à la façon de voir les choses, une certitude que, même si ça devient vraiment difficile, je serai capable de faire face.

Je suis néanmoins très consciente de la marche à gravir. J'ai toujours senti, aussi bien au sein de l'entreprise qu'au-delà de celle-ci, l'immense respect pour l'entrepreneur, l'homme d'affaires et le visionnaire qu'a été et que sera toujours Jacques.

Depuis mon plus jeune âge, j'ai vu mon père travailler fort. Même s'il a toujours laissé ses préoccupations sur le palier de la maison familiale, j'ai été très tôt à même de constater que les heures qu'exigeait Prével étaient sans fin. Que ma mère, avec une vie professionnelle bien à elle, devait assumer souvent seule notre quotidien, à ma sœur et moi.

J'étais en troisième année quand il a réellement essayé de m'expliquer ce qu'il faisait dans la vie. Il allait me falloir expliquer en classe son métier. Je devais tout écrire dans un texte de cinq lignes. Pour moi, il travaillait dans la construction. Je savais qu'il construisait des maisons. Mais comme il ne nous parlait jamais de son travail, tout cela restait très obscur pour la petite fille que j'étais… Cette fois-là, il voulait vraiment décrire ce qu'était la promotion immobilière. Je me souviens avoir eu à effacer et recommencer à de nombreuses reprises pour que tout s'insère dans l'espace désigné. Mais je n'y comprenais pas grand-chose.

Ce n'est que maintenant que j'ai des enfants que je peux prendre conscience du miracle que Jacques a accompli. Parce que quand mon père était à la maison, il était pleinement là. Et ça compensait pour toutes les heures où il n'y était pas. Le miracle de

Jacques est bien là. Même souvent absent, il m'aura laissé l'impression d'une très grande présence dans mes jeunes années.

Il nous racontait des histoires formidables. Au restaurant, je me souviens que même les personnes assises aux tables voisines écoutaient ses récits de Jeannot Lapin et des Trois petits cochons. C'était, et c'est toujours, un compteur formidable.

Les vacances en famille étaient sacrées. Été comme hiver, nous quittions Montréal pour être sûrs que rien ne vienne troubler notre vie familiale.

Nos parents se ressemblaient. Rien d'extérieur ne devait troubler notre cocon familial, à tel point qu'ils ne répondaient jamais au téléphone à la maison. Ma sœur et moi avions tout le loisir de nous chicaner pour être la première à répondre parce que tous les deux considéraient qu'ils parlaient à suffisamment de gens durant la journée. Une fois à la maison, ils se devaient d'être pleinement là pour nous et pour eux.

J'ai grandi dans un environnement heureux et serein. Oui, financièrement, mais surtout émotivement. Avoir réussi à bâtir une entreprise comme Prével tout en conciliant ce succès professionnel avec une vie familiale aussi épanouie, c'est tout un exploit. Je commence à peine à en prendre la mesure.

Indiscutablement, mon père doit cette stabilité et cette constance à sa femme, ma mère. Mais il aurait pu choisir de préférer sa job, sa business. Il aurait pu choisir de s'y perdre comme beaucoup. Et je le réalise aujourd'hui. La véritable conciliation travail-famille n'est pas qu'une question d'horaire et de temps. C'est aussi une volonté de surmonter l'envie d'être là où l'on se sent compétent et expérimenté, et où l'on peut performer. Une gratification immédiate.

J'ai l'impression que c'est dans nos gènes autant que nos valeurs : être à la maison est ce qui compte vraiment. Même si bien souvent, c'est plus difficile qu'être au bureau. Parce qu'on n'est pas en contrôle. Parce que la vie familiale au quotidien, ce n'est pas *glamour.* L'amour qu'on porte à nos enfants, oui. Mais s'en occuper chaque jour. Répéter inlassablement les mêmes choses… Parce que des petits êtres, ce n'est pas souvent rationnel. Et c'est bien parce qu'on ne peut pas leur faire entendre raison instantannément que c'est parfois épuisant.

L'humain, la famille, l'amour. J'ai reçu ça de mes parents, des deux. Choisir des vacances en famille, de longues vacances. Des week-ends au chalet entre nous. De nombreux repas ensemble, juste tous les quatre, sans distraction.

Quand mon père n'était pas là pour un souper ou alors que ma sœur et moi nous couchions, ma mère nous disait invariablement : « Il a des obligations, mais il aimerait mieux être avec nous. » Et nous la croyions parce que nous savions qu'elle disait vrai.

Durant toutes ces années heureuses et pleines d'insouciance, je ne me suis jamais dit que j'allais un jour remplacer mon père au sein de Prével. Que j'allais un jour faire comme lui ou tenter de faire comme lui. Devoir réussir à concilier une vie familiale heureuse et bouillonnante avec une vie professionnelle prenante et exigeante.

Prendre la relève. M'installer dans ce bureau au fauteuil rouge… Ce fut un choix. Pas une solution de facilité.

J'ai fini par le prendre, son bureau, le bureau du fond. Je l'ai fait parce que j'avais justement choisi d'accepter le poste. Je ne pouvais pas jouer à faire semblant que rien n'avait changé. Mais aussi, ma relation avec Jonathan, cette relation nouvelle en tant que partenaires, était à bâtir, et cette proximité de bureaux, le fait de ne plus être dans une aire ouverte, était essentielle au développement de cette relation.

Nous avions besoin d'espace pour nous donner la chance d'interagir. C'est anodin, l'espace, quand on y pense, être assis à un endroit plutôt qu'un autre, ça ne devrait pas influencer le cours d'un partenariat, mais je peux dire que depuis que je l'ai pris, ce bureau du fond, une complicité et une familiarité se bâtissent naturellement. Et c'est d'autant plus pertinent que c'est ce qu'on fait dans la vie, créer de l'espace pour que spontanément des liens se créent. Après, ça ne nous appartient plus. Alors que là, pour une fois, l'espace n'est que les prémices et le reste nous appartiendra.

Le bureau, je l'ai donc adopté, mais le fauteuil rouge, ça non. Il restera celui de Jacques.

Dans quelques mois, nous emménageons dans de nouveaux bureaux à une nouvelle adresse. Près d'un an après la transition, j'aurai alors mon bureau... parce que, croyez-le ou non, depuis quelques mois, par manque d'espace, je partage réellement mon bureau avec Jacques, ou plutôt il partage son bureau avec moi. Les jours où il est présent au bureau, nous sommes tous les deux du même côté du bureau... La transition se fait tout en douceur, même dans la gestion de l'espace !

Et ce fauteuil rouge, je le lui laisse. Moi, j'ai pris la chaise visiteur... Parce que malgré tout ce qu'il m'inspire, ce fauteuil n'est en réalité pas très confortable !

FENÊTRE 5

Les petits fils de Pierre

« ALORS C'EST QUOI, PRÉVEL, POUR TOI ? », m'a un jour demandé un ami.

Prével fait partie de ma vie depuis tellement longtemps. Depuis toujours en fait. Dès que j'ai été assez grande pour répondre au téléphone à la maison, j'ai entendu les gens demander à parler à « Monsieur Prével ».

Ma sœur et moi, nous jouions avec de belles pelles rouges sur lesquelles était écrit « Prével » et qui avaient servi à inaugurer un projet. Nous avions aussi chacune notre casque !

De temps en temps, on se promenait en voiture et ma mère pointait en direction de maisons ou d'habitations en disant : « Hé les filles, regardez, c'est papa qui a fait ça ! » Je n'ai pas de souvenir en revanche que mon père nous ait jamais présenté, lui, le fruit de son travail. Il avait une telle capacité à séparer sa vie familiale de sa vie professionnelle.

À travers les années, plusieurs personnes avec qui mon père collaborait étaient devenues des amis. Il y avait des soupers à la maison durant lesquels ça discutait architecture, design, projets, voyages...

J'aimais alors traîner à table, même si je ne comprenais pas toujours tout. C'était tellement animé, tellement vivant. Et, fait exceptionnel chez nous, ça sacrait beaucoup !

Mais tous ces bouts de souvenirs ont pris un sens tout autre à partir du moment où j'ai commencé à voir l'entreprise de l'intérieur.

Mon Prével, c'est l'entreprise qui avait un peu moins de 30 ans quand j'ai commencé à y travailler. Il me manque de grands pans de son histoire. Certaines périodes restent floues. D'autres m'ont été racontées. J'ai pu aussi en rêver quelques-unes. Mais celles qui sont restées gravées correspondent toutes à des rencontres importantes. Parce que Prével, pour moi, c'est avant tout des visages.

Prével, c'est Yves. Yves, cet artiste avec qui j'ai passé ma vingtaine à discourir sur le sort du monde. Yves qui parle japonais, qui peint et qui fait des siestes sous son bureau. Yves qui m'a consolée de toutes les incertitudes dont ma vingtaine a été faite. Yves avec qui l'on ne voudrait jamais arrêter de parler.

Prével, c'est Robert, ce Zorro au grand cœur. Robert qui ne cherche jamais à faire une vente, mais plutôt à imager, à épauler, à connecter. Qui a cette sensibilité à l'autre. Qui a toujours le mot juste. Qui est d'une indulgence infinie.

Prével, c'est aussi François. François, si fier de son chantier. De son équipe. François, reconnu pour sa rigueur et sa méthode. François qui m'avait livré mon premier loft à Impérial. Je n'avais pas mis les pieds dans l'appartement qu'il me disait déjà qu'il allait faire arracher toute la céramique dans la cuisine parce que le brossé de l'aluminium n'était pas dans le bon sens. Je ne le lui ai pas dit, mais je ne suis pas sûre que je l'aurais remarqué. Et même si je l'avais avoué, il aurait refait la céramique quand même parce que lui l'avait vu.

Michel, qui n'arrive pas à sortir d'une unité tant et aussi longtemps qu'elle ne respecte pas ses standards à lui. Et Pierre Cloutier que l'on n'oublie pas malgré sa retraite. Et Lucien qui réussissait toujours avec trois fois rien à réparer l'irréparable...

Et Serge. Et Pascal. Et Jocelyn, et tous les autres.

Et Christiane. Christiane qui avait eu une vie difficile. Qui avait trouvé un rôle central auprès de Jonathan et de Jacques. Avec son caractère et ses coups de gueule. Christiane qui a eu besoin d'aide et que Jacques et Jonathan ont épaulée en l'accueillant dans un de nos projets pendant ses dernières années. Ils n'en ont jamais parlé. C'est moi qui ai fait couler l'information parce que je trouvais leur générosité si belle que je voulais qu'on les regarde tous les deux avec ces yeux-là aussi.

André, si bouillant et expansif. André qui trouve toujours une solution à tout. Qui a toujours aimé épauler les jeunes de l'entreprise. Kim, qui est une seconde mère pour nos premiers acheteurs.

Chantal, qui est arrivée dans l'entreprise la journée des 40 ans de Jacques, qui a vécu les années 1990 à ses côtés, qui a connu les grands succès et les années plus difficiles. Valérie, si volontaire et animée. Lucie qui part prochainement à la retraite. Sylvie. Nathalie et tous les autres.

Philippe qui connaît l'entreprise de fond en comble. Qui avait à peine 16 ans quand il a commencé. Qui comme moi a fait les chantiers. Qui est capable de mettre n'importe qui en confiance. Qui connaît les bâtiments, la construction et l'architecture, mais qui connaît tout autant la clientèle et ses états d'âme. Qui a un œil exceptionnel pour le design. Philippe avec son humour décapant et ses éclats de rire sonore.

Il y a eu tellement d'autres visages, de grands collaborateurs sans qui Prével ne serait pas là aujourd'hui : Michel Hardy, Aurèle Cardinal, Michel Foti, Sylvie Drouin, Michel Coupal, Isabel Coutu, Pierre Bélanger, Colette Gosselin, Jean-Louis Paquin, et combien d'autres.

Je savais que c'était la pire des idées que de faire cette énumération. Je tais le nom de tant d'autres personnes déterminantes. Je ne pouvais pas nommer tous ces visages. Mais je veux simplement illustrer que Prével se retrouve dans chacun de ses employés. C'est un amalgame de beaucoup de vies.

Et puis, il y a eu aussi Pierre. Comment même essayer de décrire comment Pierre est Prével et comment Prével est Pierre. Cet être entier. Visionnaire. J'ai souvenir d'engueulades mémorables, d'idées de génie, de constats si justes. D'intensité. Et au-delà du travail, il y avait sa capacité à comprendre l'humain. Pierre. Mon oncle. Le frère de Jacques. Il a été un élément crucial de l'entreprise. Un des plus beaux compliments qu'on lui ait sans doute jamais fait est venu de la bouche de Jonathan : « *Tu es un foutu rêveur !* » Et c'est ce qu'il était et est toujours. Fut une époque où il était très présent. Autant en décibels qu'en importance. Et du jour au lendemain, comme ça, encore bien vivant, il avait assez donné. Et il m'a effectivement beaucoup donné. Autant de son savoir que de son vécu. Plein de choses me viennent en tête quand je pense à Pierre, mais l'histoire des petits fils en est une qui me suit encore aujourd'hui.

Qu'il parle business ou amour, chaque contact est pour lui un fil qui se tisse entre deux personnes, et plus le nombre de contacts augmente, plus il y a de fils qui se tendent. Et un jour, sans même qu'on l'ait vu venir, il y a un énorme lien qui nous rattache l'un à l'autre et qui ne peut plus se couper.

J'ai passé presque toute ma vingtaine chez Prével. C'est un âge important dans une vie. Cette période durant laquelle on se doit de sortir de l'insouciance, de commencer à travailler, de se trouver, d'essayer de bâtir quelque chose. Cette période qui a aussi été pour moi celle de grands questionnements, je l'ai vécue chez Prével, avec tous ces êtres qui sont devenus si importants dans ma vie parce qu'ils ont été tellement plus que des collègues. Les heures que nous avons passées à discuter. De leur vie, de la mienne, de philosophie, de littérature, de voyages, de films… Je me considère chanceuse d'avoir eu ces gens si improbables dans ma vie à une époque aussi charnière.

Je me souviens d'une soirée particulièrement arrosée où jeunes et vieux philosophaient sur le sort du monde. Tout idéaliste que j'étais, j'avais du mal à adhérer aux valeurs qui sous-tendent l'économie de marché. Je demandais à nos plus sages, alors qu'ils me racontaient toutes les vies fabuleuses qu'ils avaient eues, pourquoi ils avaient choisi aujourd'hui de « vendre des condos ». Je dois l'avouer, c'était un peu péjoratif venant de ma bouche. Il faut comprendre qu'à l'époque, encore étudiante, j'étais une idéaliste convaincue. Je ne comprenais pas, alors qu'ils semblaient avoir des valeurs similaires aux miennes, pourquoi ils avaient choisi l'entreprise privée. Et j'avais eu droit à un témoignage de fierté et de défense de leur contribution, à petite échelle certes, mais ayant un impact sur le quotidien des gens.

« Tu sais, les gens s'achètent des maisons. C'est un fait. Une personne sur deux est propriétaire. Pour ceux qui choisissent le neuf, nous avons la chance de pouvoir apporter notre contribution. Nous sommes à leur service pour qu'ils trouvent exactement ce qu'ils cherchent. Et si c'est chez nous, tant mieux, sinon tant pis. Mais nous pouvons être là pour les aider. Nous allons avoir un impact dans leur vie parce que nous allons les accompagner dans un des moments les plus stressants qu'ils vivront. À petite échelle, nous allons changer leur monde, leur quotidien. Et ce doit être pour le mieux. Un client à la fois. Un humain à la fois. Nous répondons à des besoins, aussi bien y répondre avec un savoir-faire. Aussi bien travailler pour une entreprise qui a à cœur de servir plutôt que de vendre. »

Pour l'un, c'était le témoignage du parcours de ventes. Pour l'autre, c'était de bien construire, de voir le résultat fini et d'en être fier. D'améliorer un détail dans l'unité de la personne qui allait emménager. Un autre était heureux de pouvoir régler un problème pour un client mécontent, d'être capable de transformer une situation frustrante en une expérience positive. De savoir faire rire un client dans un moment de stress, de voir des gens réaliser leur rêve. C'étaient tous ces petits moments, toutes ces petites attentions qui les rendaient si fiers du travail qu'ils faisaient.

Je me souviens d'avoir été sidérée par ces réponses. Tout obstinée que j'étais dans ma rectitude humanitaire, je n'avais jamais envisagé le privé avec cette perspective. J'étais ébranlée par leur sérénité et aussi dérangée dans mes convictions. Alors qu'il me semblait évident que l'entreprise privée ne pouvait pas prétendre à la même noblesse que la fonction publique ou le communautaire, j'entrevoyais pour la première fois, à travers leurs témoignages, le monde des affaires d'une tout autre façon.

Quand même, je n'étais pas du genre à me laisser convaincre si facilement, alors j'avais insisté : « Mais toi, Yves, tu es un artiste, tu as vécu partout à travers le monde, tu es architecte, tu as vécu une vie de bohème ; avec Prével, es-tu devenu aujourd'hui celui que tu rêvais d'être ? »

Il m'avait regardée, un peu surpris. Surpris que je pose ce genre de question. Pas parce qu'elle le dérangeait, mais parce qu'il était déconcerté par mon ignorance. Et se rappelant la différence d'âge, il m'avait dit en me regardant droit dans les yeux, avec toute la bienveillance dont il était capable : « Je suis devenu celui que je suis. » Tout était dit, de la vie, de l'ambition de changer le monde, d'être heureux.

Et ce sont ces conversations-là, et des centaines d'autres, qui m'ont fait évoluer, autant dans l'entreprise que dans ma vie. C'est ainsi que je me suis attachée à Prével. Je trouvais l'entreprise de mon père tout à fait hors norme. Et quand je parlais à mes amis de ce que je vivais, je réalisais que les choses semblaient être bien différentes ailleurs, dans d'autres entreprises. Il n'y avait pas beaucoup de milieux de travail où les gens se donnaient la peine d'avoir ce genre de conversations. N'allez pas croire que tous les midis, nous étions aussi intenses dans nos échanges, mais il y avait cet espace pour se parler. Il y avait mille et une occasions d'échanger. Je ne sais pas si c'était le choix des gens ou si c'était cette approche très autonome, très libre, qui permettait à tous de se parler avec authenticité.

En continuant d'évoluer au sein de l'entreprise, j'ai réalisé que ce n'étaient pas seulement les employés qui voyaient et vivaient cette différence. Dans mes premiers postes, j'étais constamment en contact avec la clientèle et j'ai été étonnée de constater quelle réputation nous avions. Les clients avaient réellement confiance parce que c'était Prével. Il y avait toujours quelqu'un pour me dire qu'il avait déjà « habité du Prével » dans le passé et qu'il ne l'avait jamais regretté. Qu'« avec Prével, on ne pouvait pas se tromper » ou que ses parents lui avaient fortement recommandé « d'acheter du Prével » parce que c'était une valeur sûre. Je recevais ces informations avec surprise. Je ne savais pas.

Pendant mes premières années dans l'entreprise, et ça n'a jamais cessé depuis, j'ai réellement pris conscience de ce que mon père et Jonathan avaient bâti. Ce n'était pas un empire, ce n'était pas une multinationale, c'était une vraie belle compagnie. Les gens, de l'intérieur comme de l'extérieur, aimaient Prével. Ils avaient réussi à inspirer confiance. Ils avaient réussi, dans une industrie qui n'a pas toujours bonne réputation, à se démarquer. À faire de Prével un petit joyau qui était un gage de qualité et d'originalité. Dire que j'en étais fière serait une évidence, mais mon sentiment premier était l'étonnement. Comment se faisait-il, alors que l'entreprise existait depuis près de 30 ans à l'époque, que je découvrais seulement à ce moment-là à quel point l'entreprise de mon père était respectée ? Je ne sais pas comment j'aurais pu le savoir autrement, mais le fait de le découvrir si tard m'emplissait d'admiration autant pour son accomplissement que pour son humilité à n'avoir jamais cherché à nous en faire la démonstration.

Et quelques années plus tard, alors que je rencontrais des collaborateurs, des partenaires, des compétiteurs, peu importe où je me retrouvais, on m'approchait régulièrement pour me saluer. Pour me dire que mon père était quelqu'un de bien. Pour me dire qu'ils l'avaient connu. Qu'ils avaient fait de bonnes affaires ensemble. Ou parfois de moins bonnes, mais que mon père avait toujours agi élégamment. À ce jour, être la fille de Jacques Vincent a toujours été le gage d'un accueil très chaleureux. Quelqu'un m'a dit une fois avec beaucoup d'admiration contenue que Jacques était le seul entrepreneur avec qui il ferait un «*deal*» sur un coin de table, les yeux fermés. Mon père avait eu l'occasion d'être très avantagé aux dépends de mon interlocuteur et il n'en avait pas profité.

Je suis bien dans cette entreprise. Je m'y suis toujours sentie bien. Et on pourrait croire que c'est parce c'était celle de mon père, mais c'est beaucoup plus que ça. Ce que Jonathan et Jacques ont réussi à créer, c'est un espace où être soi-même. Malgré leurs meilleurs efforts, ce sont beaucoup plus des entrepreneurs que des gestionnaires, et c'est par une approche de grande confiance et de grande autonomie qu'ils ont mené cette entreprise. Chacun a donc eu assez de place pour se développer. Pour évoluer à sa façon.

J'ai souvent essayé de mettre le doigt sur ce qui faisait de Prével une entreprise si unique. Je me demandais si elle l'était seulement à mes yeux, mais il semble que ce soit partagé. Ce que j'ai réussi à comprendre au fil du temps, en glanant les commentaires à gauche et à droite, c'est qu'il y a ce désir de s'intéresser aux autres, de les connaître en profondeur. Il y a cet intérêt pour l'humain. Ce respect et ce sentiment de ne pas être jugé. Tout le monde est si différent et on s'apprécie pour ça.

Dans le milieu dans lequel on évolue, il y a normalement beaucoup de mouvement et nous avons eu plusieurs personnes qui ont traversé toutes sortes de vies avant, toutes sortes de métiers ou même toutes sortes d'organisations. Mais ce que j'ai entendu à plus d'une occasion, c'est : « Chez Prével, je me suis trouvé. »

Mais ça, c'est le Prével des dernières années. L'équipe n'a pas toujours été là, et Jacques a longtemps été seul avant d'arriver à pouvoir s'entourer. Il fut une époque où il faisait ses ventes, son chantier, son financement lui-même. C'est difficile à croire aujourd'hui pour qui ne connaît mon père que depuis quelques années, mais Jacques a vraiment déjà été le seul chef d'orchestre sur ses chantiers.

Une histoire illustre bien cette époque-là. Parti à la hâte d'un chantier pour aller signer son financement à la banque, Jacques se retrouve chez le banquier à qui il a parlé plusieurs fois au téléphone, mais qu'il n'a jamais rencontré. Son interlocuteur le reçoit avec un certain recul : « C'est Jacques Vincent en personne qui doit se présenter. Dites à votre patron que c'est lui qui doit venir. » Jacques avait dû prouver qu'il était bien l'homme en question. Ses jeans, ses bottes à *caps d'acier* et ses cheveux ébouriffés par le casque le rendaient peu crédible aux yeux du banquier. Et ce qui me plaît particulièrement de cette histoire, c'est qu'il aurait sûrement pu prendre le temps de se changer… ou tout au moins de mettre d'autres souliers pour aller à cette rencontre. Mais c'était une liberté ou une arrogance que Jacques se permettait. Il le faisait un peu par défi, avec cet esprit rebelle, ce je-m'en-foutisme, cet anticonformisme que cultive mon père et que j'aime tant.

J'ai du mal à expliquer cet attachement que j'ai pour l'entreprise. Il y a de ces choses qui sont difficilement explicables. Mais ce qui est sûr, c'est que j'aime cette entreprise parce qu'au fil des années, tout au long de mon existence, ce sont avant tout des liens qu'elle m'a permis de créer. De petits fils qui ont formé un tissu magnifique. Des souvenirs heureux. Des moments de fierté. Des histoires inspirantes. Du bâti intemporel. Et une force de caractère hors du commun.

FENÊTRE 6

« L'imagination au pouvoir »

La seule et unique fois dont j'ai souvenir que le nom de Prével n'ait pas été accueilli avec enthousiasme consiste en un évènement qui m'est arrivé dernièrement, 15 ans après mes débuts dans l'entreprise. J'assistais à une conférence au Conseil des relations internationales de Montréal et en me présentant à mon voisin de table, lorsque j'ai mentionné Prével, j'ai eu droit à un drôle de regard. Avec sympathie, l'homme m'a dit que son achat Prével n'avait pas été une bonne expérience pour lui. J'étais curieuse parce que c'était la première fois que ça m'arrivait. Il m'a parlé d'Anjou sur le Lac. Il avait été un des premiers clients de ce projet immobilier. Et il s'en est mordu les doigts. À l'évocation de ce projet, j'ai été ramenée presque 30 ans en arrière. C'est une des rares fois de mon enfance où j'ai senti mon père ébranlé. Un article venait de paraître en première page de notre quotidien matinal : « Anjou sur l'égout ». Le journaliste avait appelé la veille pour avoir des commentaires. Mon père avait essayé de le convaincre de ne pas publier si rapidement :

— Laisse-moi un peu de temps, je vais essayer de comprendre ce qui s'est passé.

— Je ne peux pas, j'ai un trop bon scoop !

Il s'agissait du tout nouveau projet de Prével, Anjou sur le Lac, un projet de 2 500 unités autour du lac d'Anjou. La ville avait mal raccordé les égouts et ils se déversaient directement dans le lac... Évidemment, il n'y a pas eu beaucoup d'acheteurs après ça. Enfants, mon père ne nous en a jamais vraiment parlé, mais à travers le peu d'informations que je réussissais à saisir des conversations de mes parents, j'ai eu le sentiment que quelque chose de très grave venait d'arriver.

Alors quand j'ai entendu ce monsieur me dire qu'Anjou sur le Lac avait été une mauvaise expérience pour lui, je n'ai pu qu'acquiescer. Pour l'entreprise comme pour mon père, ce fut également terrible. Et le pire dans tout ça, c'est qu'il n'y était pour rien. Mais quand on est entrepreneur, je pense qu'aux yeux de nos clients, on est responsable... peu importe qui est responsable.

Je n'ai réellement réalisé l'ampleur du coup que dernièrement quand, dans le cadre de mes recherches, je suis tombée sur une revue de presse de cette époque. J'ai eu mal pour lui, pour mon père. Je me suis projetée et je n'ai pu qu'imaginer son désarroi, son accablement et sa consternation devant cette conclusion abrupte et crève-cœur. Non pas pour la perte financière ou pour les qu'en-dira-t-on, mais pour toute la vision qu'il avait imaginée et qui ne verrait jamais le jour.

Chaque fois qu'on amorce un projet, on s'y attache émotivement. À partir du moment où on fait une offre sur un site, on commence à rêver notre projet. Et quand l'entente est conclue, ça devient vrai. On se met à travailler à la vitesse grand V. C'est l'enthousiasme, c'est l'adrénaline. On s'emballe. On s'enflamme pour partager cette passion avec toutes nos équipes, nos architectes, nos designers, nos vendeurs, nos partenaires financiers, la Ville, nos clients ! C'est cette flamme, cet attachement et cet amour qui nous rendent crédibles, qui nous rendent convaincants.

Dans cette revue de presse, j'ai donc découvert ce qu'avait été ce projet. J'ai compris son ampleur. Mais j'ai aussi été ébahie de constater tout ce que Jacques avait réussi. En fait, ce n'est qu'à 36 ans, après 15 ans dans l'entreprise, que j'ai réellement découvert l'envergure de la vie professionnelle de mon père.

« Prével ou l'imagination au pouvoir[7] », pouvait-on lire dans *La Presse* en octobre 1986. Il y est aussi mentionné que « [p]ersonne ne peut rester indifférent à l'enthousiasme de Jacques Vincent [...] La passion de créer et de bâtir qui habite cet homme dans la belle trentaine n'est sûrement pas étrangère au fait que le Groupe immobilier Prével, après six ans à peine d'existence, côtoie maintenant les poids lourds du Québec dans le domaine résidentiel. »

---

7. *La Presse,* Carole Thibaudeau, 21 octobre 1986.

En 1986 aussi, il reçoit la distinction « Fierté Montréal » de la Chambre de commerce pour sa « contribution remarquable à l'essor de la ville ».

Il est sélectionné pour faire partie du numéro spécial de la revue *L'Actualité*[8] sur « les Québécois qui montent et qui préparent le 21e siècle ». Le directeur de cette revue, Jean Paré, explique ainsi les critères de sélection : « Avoir moins de quarante ans, avoir réalisé quelque chose de neuf, d'utile, d'exceptionnel. Être au top niveau dans son domaine… de calibre international. Et avoir la passion, la ferveur qui déplacent les montagnes. »

Son premier projet d'envergure, Sault-au-Récollet, récolte le Prix de la Gouverneure générale en 1985. « Grâce à lui, des centaines de Montréalais sont devenus sans se ruiner des propriétaires d'appartements et de maisons à l'architecture soignée. » La gouverneure générale… Vous en connaissez beaucoup, des promoteurs immobiliers de 35 ans qui ont réalisé des projets ayant reçu un Prix de la Gouverneure générale ?

Déjà, au cœur des années 1980, Jacques avait statué sur un certain nombre de grands principes qui allaient le guider durant toute sa carrière. En 1986, on rapporte que « Prével mise sur des concepts axés sur la qualité de vie. » En 1988, l'*Actualité immobilière*[9] mentionnait la volonté de Jacques de « livrer

8. *L'Actualité,* Numéro hors-série – 10e anniversaire, septembre 1986.

9. *Actualité immobilière,* volume XII, no 1, printemps 1988.

un produit d'habitation innovateur qui soit conforme aux attentes les plus contemporaines de ses clients potentiels ». On a même écrit de lui qu'il était le « logeur du baby-boom », réussissant à allier « des idées européennes, un marketing californien et des rêves bien d'ici ». Tout était là. Ce qui a fait et fait toujours le succès de Prével était déjà là.

Malheureusement, les années se suivent et ne se ressemblent pas, et la décennie qui suivit fut beaucoup moins clémente, pour la construction, pour l'immobilier et pour Prével. Impliquée partout, avec le vent dans les voiles, l'entreprise possédait de nombreux terrains. Et quand le marché casse, quand plus personne n'achète, quand même à rabais on n'est plus capable d'écouler ni des maisons ni des terrains, eh bien c'est la survie de l'entreprise qui est menacée chaque jour.

Parce que les années 1990 ont été, pour Jacques, mais aussi pour l'ensemble de l'industrie, des années très difficiles. Et il lui fallait, par-dessus tout, payer ses sous-traitants et ses employés dans les délais prévus. Pour lui, tenir ses engagements était plus qu'un devoir, c'était une question de fierté. Il en allait de son intégrité. De son honneur.

Ce furent cinq années pendant lesquelles mon père se levait chaque matin avec comme objectif de perdre un peu moins d'argent que la veille. Cinq années durant lesquelles il se disait que s'il ne réglait qu'une toute petite chose pendant la journée, il aurait au moins accompli quelque chose. Cinq années durant lesquelles la pression des frais de détention des actifs et des créanciers pesait très lourd. Et, pourtant, je dois avouer que mon univers d'enfant a été préservé. Je n'ai jamais senti cette tension à la maison. Jacques avait su construire une séparation nette entre la pression de la faillite qui lui pendait au nez et le cocon que représentait notre vie familiale.

Il est passé au travers. Prével aussi.

Maintenant que j'ai moi-même la responsabilité d'une entreprise et surtout celle de trois petits êtres, je me demande comment il a tenu le coup. Et il semble avoir tenu le coup sans que son moral en soit trop affecté.

— Je ne comprends pas, lui ai-je déclaré récemment, comment est-ce qu'on survit à ce genre de pression.

— Je te l'ai souvent dit. Pour être en affaires, il faut être prêt à perdre de l'argent, m'a-t-il répondu avec son sourire moqueur.

— Y a perdre de l'argent et perdre de l'argent ! Sérieusement, papa !

— Je faisais de mon mieux. J'étais là, tous les matins. Je travaillais sans relâche pour essayer de colmater les brèches. Je rencontrais mes créanciers sur une base régulière. Je les tenais informés de mes démarches. Je leur répétais que j'étais leur seul cheval. Que je courais pour eux. Qu'ils n'avaient aucun avantage à me couper les vivres. Qu'autrement, plus personne ne courrait pour eux. Et ils m'ont suivi. Ils m'ont fait confiance. Ils m'ont épaulé. Toutes mes banques de l'époque m'ont soutenu sauf une.

— Quand même, tu devais parfois avoir envie de te rouler en boule et d'espérer que le monde arrête de tourner ?

— Ce qui m'a permis de passer au travers, c'est que je me levais tous les matins avec la ferme intention d'améliorer mon sort, mais aussi avec détachement, en me répétant : « Qu'ils mangent donc tout' d'la marde ! »

— Hein ? En quoi est-ce que ça t'aidait ?

— Ça me permettait de mettre une distance. De donner le meilleur de moi-même sans y laisser le meilleur de moi-même.

Je sais que l'année de ma naissance, 1981, fut aussi une année désastreuse. Jacques le raconte toujours avec beaucoup d'humour… et j'arrive presque à croire qu'il avait ce même sourire moqueur quand il avait les deux pieds dedans. Les taux d'intérêt étaient montés à 22 %. Pendant toute la grosse saison, il n'avait vendu qu'une seule maison… une maison jumelée ! Il devait donc construire les deux maisons pour n'en vendre qu'une seule !

— Mais pourquoi tu t'es entêté ? Pourquoi est-ce que tu n'as pas choisi quelque chose de plus simple, de plus facile, de moins risqué ? Tu étais à tes tout débuts, ce n'est pas comme si tu avais 25 employés et un long historique derrière toi. C'est long, toute une saison à ne vendre qu'une seule unité !

Il y avait eu un long silence. Je pense qu'il ne savait pas quoi me répondre.

— Pourquoi avoir continué ? Ça ne m'a tout simplement jamais traversé l'esprit d'arrêter.

Pour Jacques, ne pas persévérer n'était pas une option. Il s'était lancé. Il s'était trouvé. Il était libre. Il était bien. Même si c'était difficile.

— Quand j'étais dedans, à ce moment-là ou à d'autres moments difficiles, je faisais ce que je pouvais et je me disais : « On verra ! »

Ce « On verra ! », cette détermination à avancer, à se lever chaque matin pour trouver une solution, pour améliorer ne serait-ce qu'un peu la situation, cette conviction que la vie n'est pas trop mal faite et que ça va finir par marcher. Ce « On verra ! » est, pour moi, ce que j'ai compris de l'entrepreneuriat.

C'est à cette époque, alors qu'il essayait de vendre l'autre moitié de son jumelé, que mon père a réfléchi à l'habitation abordable. C'est un sujet dont j'entendrai beaucoup parler en travaillant à ses côtés. Une de ses plus grandes fiertés est d'avoir contribué à favoriser l'accès à la propriété à des jeunes, leur permettant ainsi de se bâtir un patrimoine avec des projets comme Lowney et Impérial.

Ce que je savais moins, c'est que dès le début des années 1980, il s'y intéressait déjà. À cette époque, c'était davantage par nécessité, par survie, que par grandeur d'âme. Il faut comprendre qu'avec des taux d'intérêt à 22 %, l'accès à la propriété était vite devenu inimaginable pour une grande majorité de la population.

Il s'est donc mis en tête à l'époque de trouver une façon d'offrir de l'habitation à plus faible prix et il s'est dit qu'en offrant des condos plutôt que des maisons, plus de ménages auraient accès à la propriété. Il a travaillé pendant des mois à faire approuver une assurance hypothécaire SCHL pour des condos dans une structure de bois et de briques de trois étages. Et au bout de presque un an, il a finalement obtenu ce changement. Son avantage concurrentiel fut néanmoins de courte durée. Dès le lendemain, tous ses compétiteurs avaient ce même « avantage ». À tel point que, quelques jours plus tard, en passant devant la maison modèle (unifamiliale) du projet qui se trouvait à côté du sien, quelle ne fut pas sa surprise de voir, peint à la main sur une feuille de contreplaqué : « Nous aussi on vend des condos. » C'était une autre époque…

Tout de même, c'est à cette occasion que Jacques rencontre, par pur hasard, un promoteur immobilier français qui désire investir au Québec, alors qu'ils sont assis côte à côte à un souper improbable. Ils feront le premier projet de condos de Jacques ensemble. C'étaient des immeubles à six logements. Il fallait vendre sur plan, construire des unités modèles. Les besoins en capital étaient plus grands. Ce partenariat se poursuivra pendant plusieurs années, jusqu'à ce que les années 1990 viennent obscurcir les possibilités d'investissement.

Ils ont donc construit ensemble quelques immeubles de condos à Repentigny et, en 1982, ils ont soumis un projet dans le cadre de l'opération « 10 000 logements » de la Ville de Montréal, sur un vaste terrain du nord de la ville, à la hauteur de

Papineau, au Sault-au-Récollet. C'est à cette occasion que Jacques travaille pour la première fois avec Michel Hardy et Aurèle Cardinal, des architectes qui l'accompagneront tout au long de sa carrière. C'est un site difficile dans un environnement déconstruit qui n'intéresse que peu de monde. La ville vend le terrain 25 sous le pied carré. C'est Prével qui remporte la mise… n'ayant probablement pas de concurrents ! Et ce sera un projet marquant pour notre histoire parce que c'est ce projet, avec ses 187 unités, qui permettra la capitalisation de l'entreprise.

Malgré ce succès, les maisons unifamiliales ou jumelées demeurent une part importante de l'entreprise alors que le marché a repris. Mais Jacques cherchait toujours à innover. Il comprenait qu'il ne pouvait pas se battre sur les mêmes fronts que ses compétiteurs. À l'époque, les entrepreneurs en banlieue étaient bien souvent constructeurs eux-mêmes. Pendant les périodes un peu plus tranquilles dans les bureaux des ventes, le compétiteur, menuisier de formation, prenait son marteau et allait terminer la galerie en arrière de la maison. Jacques a compris rapidement que la maison voisine coûterait toujours moins cher que la sienne, parce que lui devait engager un menuisier pour terminer la fameuse galerie. Pour se différencier, il a donc saisi l'importance d'innover. À cette époque, les deux types de maisons qu'on retrouvait sur le marché étaient « ranch » ou « canadienne ». Jacques voulait proposer autre chose. Alors que personne ne remettait en question ces modèles typiques, Jacques avait l'ambition d'inventer autre chose, de proposer de nouveaux concepts.

Enfant, et même plus grande, je l'ai vu des milliers de fois découper des photos par terre dans le salon et, plus tard, à sa table de travail. À travers des piles de revues de toutes sortes, il épluchait méthodiquement des images et rêvait. Il s'inspirait de toutes sortes de choses. À défaut de pouvoir voyager comme il le souhaitait, il s'inspirait de l'architecture de partout à travers le monde.

Il s'était donc lancé dans la construction de trois maisons modèles nouveau genre. Sa première avait un plafond cathédrale au centre, une autre avait ses trois chambres au sous-sol avec d'immenses pièces de séjour au rez-de-chaussée et l'autre avait le séjour au sous-sol en double hauteur.

Il était tout fier de sa créativité, mais il réalisa très vite qu'il avait été trop audacieux. Le marché était habitué à son «ranch» et à sa «canadienne». C'était trop de changements. Il n'en vendit pas beaucoup cette année-là. C'est probablement de là que lui vient son obsession pour la politique des petits pas.

Pourquoi vouloir tout changer d'un coup? Étape par étape, s'ajuster en cours de route, se faire tranquillement à l'idée. De nature très impatiente, j'ai toujours eu du mal avec cette approche, issue de son expérience, mais je réalise que dans le métier, la patience est souvent essentielle.

Il s'est donc ajusté. Il a gardé celle qui fonctionnait le mieux, celle avec le salon en sous-sol, et a repris certaines valeurs plus traditionnelles comme la « canadienne ». En lui apportant des modifications mineures, mais qui avaient tout de même un impact pour le client. Je le revois, me montrant une de ses maisons de l'époque avec « sa serre ». J'imaginais une grande verrière. C'était un porte-à-faux de deux pieds qui étirait la cuisine un peu. C'était peu coûteux, peu de changement, et ça lui permettait de se distinguer. Il en a vendu beaucoup.

Il a en parallèle continué à développer ses projets urbains avec son partenaire français, Georges Vanacker. Les Berges de l'Anse, les Jardins du Vieux Rosemont, un autre sur la rue Charlevoix aux abords du marché Atwater, un autre à l'Île-des-Sœurs. En 1990, il avait plus de 15 chantiers en cours.

Mais le plus marquant, du moins pour moi, fut le Village Saint-Louis à Lachine. Débuté en 1984, un projet de 1 100 unités. Encore à ce jour, j'ai une fascination pour ce projet. Un ensemble intégré de maisons de ville, de maisons unifamiliales et de condos de trois étages. Les habitants de ce quartier l'appellent « le Village Prével », et tous ceux que je rencontre et qui ont été de près ou de loin en contact avec ce quartier en ont été marqués.

Lors de la soirée organisée à l'occasion de la livraison de notre 10 000e unité, nous avons contacté l'ensemble des clients passés pour leur demander de nous faire part de leurs histoires. Les clients du Village Saint-Louis ont répondu haut et fort. Leurs histoires étaient touchantes. Une dame y avait élevé ses deux enfants et racontait combien les espaces extérieurs avaient changé sa vie. Le plaisir qu'elle avait eu à passer du temps dans les parcs avec ses enfants, à rencontrer d'autres familles, et qui, une fois ses enfants élevés, avait décidé de s'acheter un chien pour pouvoir continuer à profiter des espaces verts et de la compagnie spontanée de ses voisins.

Une jeune maman avait elle-même grandi dans une unité du projet, avait déménagé pendant ses études et avait convaincu son amoureux de s'y installer pour fonder leur famille parce qu'elle voulait que ses enfants puissent vivre tout le bonheur qu'elle y avait vécu.

J'ai même une grande amie qui y a récemment emménagé et qui me disait toute l'admiration et l'enthousiasme qu'elle avait face à l'ampleur et à l'originalité de ce projet. Je ne peux pas croire que ce soit un projet des années 1980. C'est innovant encore aujourd'hui. Le parc linéaire, les petits sentiers, les points d'eau, les pavillons de jardin, les jeux pour enfants, les espaces communs. La mixité entre les différents types d'habitations et même l'architecture simple, mais avec de la gueule… Tout cela est encore très actuel. C'était précurseur en 1984 de vouloir bâtir des milieux de vie. De créer des lieux où se rassembler. C'est un projet dont la planification, encore aujourd'hui, me rendrait fière.

Il est probable que si Prével est arrivé à cet âge vénérable pour une entreprise, c'est en grande partie parce que Jacques a toujours eu à cœur la fierté de bien faire les choses tout en innovant. Il lui fallait sans cesse se renouveler, s'ouvrir, trouver de nouvelles voies, dépasser la norme, repousser les limites. Pour lui, tenter de reproduire une recette, même si elle a fait ses preuves, c'est le début de la fin… et c'est surtout la fin du plaisir de créer.

Je sais que je ne rends pas justice à Prével dans son ensemble et surtout pas à ses premières années. Je n'en ai que des bribes. Je sais qu'il y a eu de nombreux collaborateurs, partenaires, employés et clients qui ont eu un impact majeur et qui ne se retrouvent pas dans ces lignes. La mémoire d'enfant étant ce qu'elle est, ce ne sont que des fragments qui me reviennent en tête. Des émotions, des visages sur lesquels je suis incapable de mettre des noms, des histoires racontées, des photos, des témoignages. Ce que je retiens surtout de ces années durant lesquelles je n'ai pas intimement connu l'entreprise, c'est la capacité d'un homme à rebondir, à s'adapter, à s'ajuster, à se renouveler. Sa détermination sereine. Son audace prudente. Si je peux être convaincue d'une chose, c'est que l'argent n'a jamais été le moteur de cette entreprise. Ce que Jacques voulait, c'était d'abord et avant tout le plaisir de se faire plaisir. Et pour lui, se faire plaisir était réaliser des projets dont il pouvait être fier.

FENÊTRE 7

Un des premiers propriétaires de Tesla

LES ANNÉES 1990 étaient une sale époque pour être promoteur immobilier ! Assez similaire à ce qu'ont vécu les constructeurs américains au sortir de la crise financière de 2008. À la différence près que c'était toute l'économie américaine qui s'était effondrée, alors qu'au Québec, dans les années 1990, c'étaient surtout la construction et l'immobilier qui souffraient. Personne ne voulait acheter, personne ne pouvait vendre, et il n'y avait pas de partenaires ni de banques assez téméraires pour financer de nouveaux projets.

Jacques a, tant bien que mal, traversé cette période difficile. Tous les joueurs qui avaient d'autres créneaux ont misé sur la diversification de leurs activités pour survivre. Mais pour Jacques, l'immobilier résidentiel était son seul métier, son expertise, et il avait cette ténacité hors du commun : « Les choses finiraient bien par s'arranger, le haut du cycle reviendrait. » Il fallait y croire. Alors que les ressources financières s'étaient raréfiées, que par nécessité beaucoup de ses employés s'étaient dirigés vers d'autres secteurs, il tentait quand même sa chance sur de nouveaux terrains.

Le père de Jonathan, David Sigler, et Jacques se sont ainsi rencontrés alors qu'ils étaient en concurrence pour acheter des terrains. Ils se rendaient bien compte qu'à miser l'un contre l'autre, ils ne faisaient qu'augmenter les prix dans un marché qui n'avait pas besoin de cette concurrence !

Jonathan Sigler, alors au sein de l'entreprise familiale fondée par son père, était ingénieur de formation et œuvrait dans le domaine de la gestion de la construction depuis le début des années 1980. Son père et lui réussissaient, malgré cette période de crise, à subsister et tentaient de se remettre en selle alors que l'entreprise avait réduit ses activités.

Pour mettre toutes les chances de leur côté, les Sigler et Jacques ont décidé de faire front commun pour l'achat de certains terrains lors d'appels d'offres. Après quelques échecs, c'est un terrain à Ville Mont-Royal qui a permis le lancement d'un premier partenariat. Puis ce fut un deuxième avec les Quais de la Commune, dans le Vieux-Montréal. À cette époque, ils ne pensaient pas aller plus loin, ils n'avaient pas de plan de partenariat à long terme. Ils vivaient au jour le jour et s'accommodaient parfaitement de cette alliance de circonstance.

En travaillant ainsi ensemble, ils ont découvert que leurs forces et leurs intérêts étaient bien différents, mais parfaitement complémentaires. Et même s'ils devaient faire des compromis pour se rejoindre, ils ont découvert le bonheur de pouvoir se concentrer sur ce qui leur plaisait et ce dans quoi ils excellaient.

Ils pouvaient, grâce à la compétence évidente de l'autre, se lancer à fond dans leur passion.

Bien qu'ils travaillaient en grande collégialité et qu'ils s'impliquaient tous deux notamment dans la définition du produit, dans la recherche de terrains ou encore dans la négociation, Jonathan allait ainsi permettre à Jacques de faire vivre son côté artiste et créatif. Son amour du beau, du design et de l'architecture. Sa volonté sans cesse renouvelée de créer de l'émotion pouvait d'autant plus s'exprimer que Jonathan veillait – et veille encore – à ce que les projets soient livrés à temps tout en surveillant les coûts de construction et toute l'administration de l'entreprise. Jacques laissait ainsi à Jonathan, et à ses talents, le soin d'être pour Prével le gardien de la rigueur budgétaire.

Jonathan, en effet, veille, encore aujourd'hui, au grain. Il y a peu de factures qui ne passent pas entre ses mains. Je me suis déjà fait questionner pour des dépenses de 100 dollars et j'avais intérêt à bien connaître le fournisseur et la justification de ces dépenses. Rien ne lui échappe. Il a une mémoire extraordinaire, surtout pour les chiffres.

Jacques et Jonathan ont ainsi très vite constaté que cette répartition du travail était une chance inouïe, et ils y ont rapidement pris goût.

Même si je pense que mon père a choisi de s'associer d'abord et avant tout pour la liberté qu'allait lui offrir son nouveau partenaire, j'ai tout de même un certain respect pour le détachement dont il a su faire preuve. Il avait créé Prével seul. Il aurait pu résister à l'idée de partager le pouvoir. Il aurait pu, comme tant d'autres, vouloir rester « seul maître à bord ». Mais il a su reconnaître l'avantage que constituait l'addition d'un deuxième dirigeant, aussi différent soit-il.

Je ne me souviens pas de la première fois que j'ai rencontré Jonathan. Bien que j'ai souvenir d'avoir rencontré quelques-uns des autres partenaires de mon père à la maison, je n'ai pas de souvenir du début de leur partenariat. Il faut savoir qu'à l'époque, j'étais au secondaire, bien trop occupée par mon affirmation de moi-même pour m'intéresser aux affaires de mon père. Je n'ai appris à connaître réellement Jonathan qu'à partir du moment où j'ai commencé, comme étudiante, à travailler sur les chantiers.

Néanmoins, comme j'étais l'employée d'un manœuvre – ça ne s'est pas vu souvent, ça : un manœuvre gestionnaire ! –, je ne l'ai pas beaucoup côtoyé. Mais je me souviens qu'il y avait toujours une petite fébrilité sur les chantiers quand Jonathan faisait sa visite hebdomadaire. Tous voulaient bien paraître, tous voulaient montrer un chantier impeccable. L'impression qu'il me donnait en était une de compétence. Sa compétence en imposait et il commandait à ses hommes une rigueur irréprochable parce que lui-même se l'imposait. Il était exigeant, mais chacun se faisait une fierté de répondre à ses exigences.

En évoluant dans l'entreprise, j'ai eu du mal à comprendre comment Jacques et Jonathan pouvaient être associés; ils étaient si différents! J'appelais gentiment Prével «le monstre à deux têtes». Naturellement, sans qu'il y ait aucune planification, l'entreprise tournait un peu plus à gauche ou un peu plus à droite quand l'un ou l'autre était en vacances, mais revenait inévitablement au centre quand ils étaient tous les deux ensemble. Ils étaient passés maîtres dans l'art de se retrouver au juste milieu. Il y avait assurément plus de discussions, plus de compromis, plus d'ajustements que s'ils avaient été chacun seul dans son entreprise. Mais cette complémentarité, mon père me l'a toujours présentée comme une nécessité.

Pas seulement pour l'entreprise, mais pour lui aussi. C'était cette liberté tant recherchée qui venait d'atteindre un autre niveau. Non seulement il était à son compte, mais en plus il n'avait plus à se faire violence pour performer dans des sphères qui ne l'emballaient pas, là où il devait mettre plus d'efforts, comme sur les chantiers ou dans le contrôle budgétaire. Jonathan, lui, adorait les chantiers, et il était et il est toujours extrêmement rigoureux quant à l'approbation de chacune des factures. Mais pour lui, la mise en marché, les ventes, la recherche marketing et toutes les conversations philosophiques sur les aspirations profondes des gens lui semblaient bien lourdes! C'était donc un soulagement pour Jonathan de pouvoir compter sur Jacques.

Pendant que je faisais mon MBA, j'ai bien essayé de les convaincre « d'optimiser leurs façons de faire », mais ils avaient trouvé leur parfait équilibre et n'avaient que faire de mes grands conseils de stratège en herbe. Pourtant, Jonathan a toujours eu cette ouverture de me laisser exposer mes idées. Et Dieu sait que j'en avais, des idées ! Plus j'évoluais dans l'entreprise et plus je m'impliquais, plus je voulais refaire le monde. Bon sang qu'il a dû me trouver énervante ! Avec toute l'arrogance de la jeunesse, je les approchais pour leur présenter une nouvelle notion apprise, un nouveau livre que j'avais lu, une nouvelle approche dont j'avais entendu parler.

Je dois lever mon chapeau à Jonathan de m'avoir toujours laissée m'exprimer même si je sentais parfois que je l'exaspérais. Parce que, voyez-vous, je ne me contentais pas d'exprimer mes idées : je voulais aussi en débattre ! Et pire que ça, quand je pensais que j'en tenais une vraiment bonne, je revenais à la charge encore et encore, convaincue que le génie de mon concept s'imposerait à la longue. Ça marchait quelquefois, mais la plupart du temps, il me manquait une perspective plus large pour ancrer mes idées dans la réalité de l'entreprise.

Mon père me regardait aller avec un certain détachement. Il me laissait me casser la gueule un peu. Il ne m'aidait pas à trouver les arguments qui auraient convaincu Jonathan. Il me laissait me débattre toute seule parce qu'il tenait à son partenariat. Et si celui-ci durait depuis si longtemps malgré leurs différences, c'est parce que chacun faisait des compromis de son côté et argumentait seulement sur les éléments qui lui tenaient particulièrement à cœur.

À 25 ans, j'étais incapable d'une telle sérénité. Je faisais feu de tout bois. Je voulais tout améliorer, tout de suite. C'est à cette époque que Jacques me répétait sans cesse : « la politique des petits pas, choisir ses batailles, etc. ». Je dois avouer que j'ai encore du mal aujourd'hui. Et je salue la patience et la résilience de Jonathan de m'avoir ainsi supportée et de me supporter encore chaque jour !

Parce que la relève, ce n'est jamais facile. Mais la relève avec les enfants des autres, ça complique drôlement le tout. Je n'ai jamais considéré Jacques comme mon patron. Je me suis toujours tournée vers Jonathan pour mes vacances, ma paye, mes demandes, etc. Et il a joué ce rôle à merveille. Avec une fermeté bienveillante. Sans dire que j'étais une employée difficile, je n'étais pas la plus docile. J'avais hérité de la fougue de mon père. Et mon père me connaissait – et m'endurait – comme une teigne qui ne lâche jamais une idée tant qu'elle n'a pas été acceptée. Mais son associé, lui, avait-il besoin de vivre ça ?

Dans les faits, c'est la meilleure chose qui me soit arrivée parce que je ne pense pas que j'aurais pu évoluer ainsi au sein de Prével si mon père avait dû me superviser. Nous avions une trop grande proximité, une trop forte complicité. Il avait trop à cœur de protéger la relation qu'il avait avec sa fille et je n'avais pas assez de distance pour agir de façon différente au travail.

Avec Jonathan, en revanche, une autorité naturelle se dessinait parce que je voulais lui prouver quelque chose, je voulais lui démontrer mes capacités. J'avais – et j'ai toujours – un grand respect pour lui et je tenais à lui montrer que j'étais plus que la fille de son associé. L'amour de mon père, je le savais inconditionnel. Alors, je ne sentais pas autant le besoin de faire mes preuves. Mais auprès de Jonathan, rien n'était jamais acquis. Il a ainsi joué un grand rôle, peut-être à son insu, dans ma capacité à prendre la relève de mon père.

Et je lui suis aujourd'hui reconnaissante pour son ouverture d'esprit. Il a accepté d'être partenaire avec moi, la fille de son associé. Une fille de 36 ans qui n'a pas la moitié de son expérience et qu'il n'a pas directement choisie.

Pour être franche, quand cette idée a commencé à germer, quand Jacques a réalisé qu'il commençait à considérer la retraite sérieusement et que Jonathan n'était pas du tout sur le même horizon de temps, quand on a commencé à penser que la solution était peut-être la relève à deux vitesses, je ne pouvais pas imaginer que c'était possible. Comment pourrions-nous nous parler d'égal à égal alors que Jonathan avait été mon patron pendant près de 15 ans ? Alors qu'il m'avait connue sans expérience ?

Pourtant, Jonathan m'a accueillie un matin de janvier 2018 comme sa nouvelle partenaire. Sans aucune réticence, sans aucune réserve. Je ne connais pas beaucoup d'hommes ou de femmes qui en auraient été capables.

Mais à bien y penser, j'aurais dû me douter que les choses se passeraient ainsi. Jonathan a toujours été un homme avant-gardiste. Il aime la nouveauté, l'innovation. Je ne sais pas si c'est son esprit ingénieur, son côté hyperactif ou son désir d'être toujours en mouvement, mais il a toujours été attiré par ce qui ne s'est pas encore fait.

Il a été, par exemple, un des premiers Québécois, en 2013, à plonger, sans filet aucun, dans la grande aventure de l'auto électrique. Alors que Tesla n'avait même pas de concessionnaire à Montréal, il avait décidé qu'il serait un des premiers propriétaires de cette voiture. Il était prêt à jouer au cobaye, même s'il savait que le réseau de recharge électrique n'était pas suffisamment développé. Il a maudit la première version trop basse pour les hivers québécois, mais il avait choisi ce changement. Il était fier d'être un pionnier de l'électrique et il n'a jamais remis son choix en question depuis.

Jonathan n'est pas un grand bavard. Ce n'est pas l'homme le plus expansif que je connaisse, mais parlez-lui de sa famille, de ses quatre garçons et de sa femme, et voyez-le s'animer, s'enthousiasmer, rayonner. En fait, probablement parce que ce n'est pas un être extraverti, c'est toujours un plaisir de le voir s'emballer pour une bonne nouvelle ou une bonne idée.

Quand ils ont formalisé leur partenariat, Jacques et Jonathan ont décidé de se concentrer dans des projets dans les quartiers centraux de Montréal. Ils ont tous deux été marqués au fer rouge par la crise des années 1990 et beaucoup de leurs décisions ont été influencées par la perspective que le marché puisse casser complètement, et pour longtemps, du jour au lendemain. En se concentrant sur des projets d'envergure au centre-ville, ils se permettaient de se démarquer davantage. Il n'y avait pas beaucoup de joueurs à l'époque, surtout pas dans le résidentiel. Personne ne voulait investir de gros montants, prendre de gros risques. Tout cela a bien changé aujourd'hui.

Chacun leur tour, ils ont eu leur projet coup de cœur, ils ont poussé pour des sites en particulier. Ils se sont *challengés*. Ils ont pris malgré tout beaucoup de risques ensemble. Ils ont eu peur. Mais ils ont toujours été solidaires. C'est une belle histoire que ce partenariat. Comme un mariage, ce ne fut pas tous les jours facile, mais je pense qu'ils se choisiraient de nouveau demain matin !

Prével, avec Jacques et Jonathan à la barre, a réalisé des projets d'envergure qui ont changé la physionomie de la métropole. Des projets qui ont eu un impact marquant. Qui les ont aussi changés, eux. Parce qu'à travers chaque projet, à travers chaque phase, derrière chaque achat de terrain, il y a eu des apprentissages, des discussions, des craintes, des victoires. Je pense aux Quais de la Commune dans le Vieux-Montréal, à une époque où le Vieux-Montréal ne se rendait pas jusqu'à la rue McGill. Non seulement il fallait être de véritables visionnaires pour se commettre sur un tel terrain, mais il fallait être drôlement convaincants pour faire rêver un client d'y habiter !

Les lofts des Quais de la Commune. Vendre tout un projet avec une seule image : une grande colonne de béton, d'immenses fenêtres et un seul mot, *imagine...*

À l'époque, je devais avoir 15 ou 16 ans. Prével préparait un envoi postal pour ce projet. J'avais accepté d'assembler le contenu des enveloppes. Ce fut mon premier mandat pour Prével ! Trois feuilles recto, deux étampes et une grande enveloppe. Il y en avait des milliers à préparer. J'avais organisé du travail à la chaîne avec des amis de l'école. Nous avions passé la fin de semaine à coller des enveloppes et à étamper des « Quais de la Commune ». L'histoire ne dit pas si nous avions été payés ou non. Prével ne roulait pas sur l'or à la fin des années 1990. Toutes les économies se valaient. Aucune dépense superflue n'était acceptée. Tellement que le bureau des ventes, à même l'ancienne usine, était à peine chauffé.

Leurs premiers projets reflètent bien la complémentarité entre Jacques et Jonathan. Ils avaient peu de moyens au début des années 2000, mais ils ont réussi à créer des projets vivants. Alors que beaucoup de constructeurs se contentaient d'ériger des bâtiments, Prével rêvait déjà de créer quelque chose de rassembleur et d'humain.

Village Liberté sur Berges : un projet sur le bord de l'eau, avec 145 maisons de ville destinées à une clientèle de retraités. Au tout début des années 2000, créer une communauté pour une clientèle plus âgée manifestait cette visée très novatrice. Inspirés des projets américains, ils avaient fait énormément de recherches ensemble, voyagé dans plusieurs villes et rencontré plusieurs experts pour développer ce concept quasi inédit, encore aujourd'hui.

Les résidences pour personnes âgées. Une aventure qui aura duré plus de 12 ans et qui aura permis à Jacques et à Jonathan, encore une fois, d'explorer de nouveaux créneaux. Ils ont été parmi les premiers au Québec à créer des appartements de style condo et à mettre l'accent sur les espaces communs, avec une culture de choix qui n'existait pas encore dans l'industrie.

Des amis du MBA avaient fait un projet spécial sur ces résidences. L'un d'entre eux avait, par la suite, acheté son premier condo de Prével, au Lowney. Quand je lui avais demandé ce qui l'avait convaincu, il m'avait répondu que les deux actionnaires, qu'il avait interviewés pour mener à bien son projet, l'avaient séduit par leur savoir-faire, leurs intentions, leur transparence. Alors que l'achat d'une première propriété s'accompagne trop souvent de craintes, il s'était senti rassuré avec Jonathan et Jacques.

Il avait senti qu'un projet Prével, ce n'étaient pas que des plans et des ouvriers sur un chantier. Il avait senti qu'un projet Prével, c'était plus qu'une succession d'étapes, que c'était un désir réel de faire émerger des lieux qui créent des liens. Il avait senti que derrière les bâtiments, il y avait deux hommes qui avaient à cœur de livrer des projets correspondant aux attentes des clients et à leurs besoins, tout en demeurant sensibles à leurs craintes et à leurs aspirations. Il avait senti qu'à la tête de Prével, il y avait deux visionnaires à l'avant-garde de bien des tendances.

FENÊTRE 8

Les soirs d'été au Lowney

Ce que Jacques a réalisé dans les premières années de la vie de Prével est, pour moi, une source d'inspiration. L'ampleur de ce qu'il a accompli, à un si jeune âge, m'impressionne. Mais je dois avouer que j'ai un attachement tout particulier pour les projets plus récents. Ils ont une résonance beaucoup plus personnelle puisque j'en étais. À des degrés très variables, j'y ai été impliquée. J'ai appris, j'ai grandi, autant dans ma vie professionnelle que personnelle, au fil de ces projets.

J'ai travaillé sur le chantier à Square Mont-Royal. J'ai fait le service après-vente au Village Liberté sur Berge. Les Quais de la Commune est le premier projet de condos que j'ai visité adolescente avec mes amis. On prenait alors conscience que ce serait vraiment exceptionnel de pouvoir y habiter. Venant de la banlieue, nous étions autant emballés par la vie urbaine que par l'aspect loft et épuré des unités. J'ai regardé les feux d'artifice sur les toits alors que le projet était encore en construction. Ma sœur a vécu pendant plus de 10 ans dans un appartement de la dernière phase de ce projet. Ma première unité à moi a été à Époque, dans 500 pieds carrés – je pensais que je n'allais jamais être capable d'y vivre par manque d'espace. Une fois emménagée, j'y ai vécu de très belles années. J'ai pu continuer à recevoir des tas d'amis alors que j'imaginais la chose impossible quand je fixais le plan avec appréhension. Il faut se rappeler qu'en 2004, un condo avec une chambre était considéré comme «petit» s'il faisait moins de 900 pieds carrés. Aujourd'hui, on bâtit des condos avec une chambre dans 400 pieds carrés et ils répondent parfaitement aux besoins des clients.

Le Cambridge, notre première résidence pour personnes âgées, a été mon premier emploi à temps plein au sein de l'entreprise alors que j'étais fraîchement diplômée de l'université. En découvrant l'étendue des espaces communs et des activités offertes, je rêvais d'un complexe identique pour jeunes adultes!

J'ai également habité Impérial, premier projet à la conception duquel j'avais collaboré. C'est aussi là que j'ai fait mes premières armes dans les ventes. J'ai appris le métier au fil des phases du Lowney. J'ai vécu ma première responsabilité de vice-présidente ventes et marketing au Seville. Le 21e Arrondissement a été mon premier bébé. J'ai eu la chance d'être présente de la première idée à sa concrétisation. Et Union sur le Parc a été le premier projet où Jonathan m'a dit: «Tu n'es plus vice-présidente sur ce projet-là, tu es un promoteur immobilier.»

Cela fait beaucoup de premières fois. Beaucoup d'émotions. Beaucoup d'attachement. Il est difficile d'expliquer la relation intime que nous avons avec nos projets. Chacun rappelle des centaines de petits détails qui sont associés à des histoires, à des anecdotes, à des compromis, à de grands débats. Ce sont cette intimité et ces implications humaines qui font que nous sommes terriblement fiers de ce que nous bâtissons. Parce que ces projets, quand ils émergent, donnent vie à nos rêves. Ils concrétisent notre travail. Ils matérialisent des mois et des mois de réflexions, de tractations, de négociations. Surtout, ils sont une petite partie de nous-mêmes.

Mais au-delà de l'émotion, cette intimité que nous avons avec nos projets ne nous a jamais empêchés d'aborder les sites potentiels avec des objectifs très précis et reflétant le sérieux avec lequel Prével a toujours géré ses affaires.

Le projet doit avant tout nous permettre d'offrir un bon rapport qualité-prix. Il faut toujours penser à l'accessibilité et à la capacité de payer de nos clients.

L'emplacement envisagé doit être attrayant, d'abord pour les acheteurs, ainsi que pour la marque Prével. Il doit également offrir la possibilité d'un projet d'envergure se déployant sur plusieurs phases.

Il doit permettre d'offrir un rendement intéressant à nos partenaires.

Cependant, des questions d'ordre plus philosophique sont également à la table de sélection. Le projet aura-t-il, à terme, un impact positif pour Montréal? Fera-t-il une différence pour le quartier dans lequel il s'implante ? Est-ce qu'il nous enthousiasme ? Est-ce que nous aurons du plaisir à nous lancer dans l'aventure ? Sera-t-il beau ? Permettra-t-il de faire vivre cette recherche d'une certaine émotion ?

Voilà tout un programme, mais il reflète bien l'entreprise responsable et authentique que Jacques et Jonathan ont toujours cherché à diriger.

Les Quais de la Commune : Réalisés entre 1997 et 2002, ils furent le premier projet de densité résolument urbain du portfolio de Prével à l'ère Jonathan et Jacques. Il s'agissait d'une transformation d'anciens bâtiments industriels à l'abandon. C'est difficile de se l'imaginer aujourd'hui, mais cette portion du Vieux-Montréal, le Faubourg des Récollets, était à l'époque un endroit plutôt désaffecté. En fait, à cette époque, la rue McGill était loin d'avoir le dynamisme qu'elle a aujourd'hui. Plusieurs de ses commerces étaient placardés, il y avait beaucoup d'espaces désertés ; l'endroit était complètement mort après 18 heures parce que ce coin de la ville était très peu habité. Certains y travaillaient, mais dès que la journée tirait à sa fin, l'endroit se dépeuplait. Le projet n'a pas été un succès immédiat. Les acheteurs devaient être audacieux pour réussir à s'imaginer vivre dans cet endroit déstructuré.

En six ans, nous avons réussi à mener notre projet à terme. Ce sont 350 unités qui ont été construites et environ 500 personnes qui s'y sont installées. Qui ont commencé à marcher dans les rues à la brunante. Qui ont fréquenté ce coin de la ville. Nous avons ainsi contribué, en redonnant vie à des bâtiments abandonnés, à faire revivre ces quelques rues. Mais nous avons surtout réussi à y ramener des gens qui se sont finalement approprié le quartier tout entier.

Ce fut aussi pour Prével l'occasion de découvrir un trait de la clientèle urbaine que nous avions sous-estimé : cette envie de socialiser. En observant notre première terrasse – alors que nous pensions que les attraits principaux de celle-ci seraient la piscine et les barbecues –, nous avons réalisé que les gens s'en servaient d'abord comme prétexte pour se retrouver, se rencontrer. Des couples se donnaient rendez-vous pour partir en vélo après le travail. Des voisins qui s'étaient croisés sur la terrasse essayaient de nouveaux restaurants ensemble. Cette première terrasse nous a vraiment fait réaliser que nos clients cherchaient plus que de l'habitation. Ils cherchaient à s'implanter quelque part, à entrer en contact avec d'autres, à partager ce qui était devenu leur vie urbaine.

À peu près à la même période, la promenade du Vieux-Port a été complétée, la Cité du multimédia a été construite et le square Victoria, réaménagé. D'autres projets immobiliers ont été réalisés dans les environs et la rue McGill a repris vie. Elle est devenue une destination gastronomique, un endroit prisé où vivre, un quartier vibrant.

Il y a ensuite eu cet important projet qui a permis la reconversion des usines d'Imperial Tobacco. Pour être franche, c'en est un qui nous a fait trembler. Nous sommes soudainement devenus propriétaires des centaines de milliers de pieds carrés de sept bâtiments vides, avec les frais de détention que vous pouvez imaginer, dans un quartier qui était, à l'époque, considéré comme déstructuré et par endroits peu sécuritaire. Dans tous nos groupes de discussion, dans nos études de marché, nous posions la même question : « Habiteriez-vous vraiment dans ce quartier-là, dans un environnement plutôt mort ? »

Les participants ont répondu majoritairement « oui » et nous avons eu le courage d'aller de l'avant. Saint-Henri était un quartier résidentiel et humain, mais nous avions entre les mains un réel trou béant entre Rose-de-Lima et la rue Irène. Trou béant occupé par un immense monstre de tôle, sans fenêtre. Quand nous avons retiré la tôle, nous y avons découvert un bâtiment industriel d'époque magnifique que nous avons pu remettre dans son état d'origine. De voir des fenêtres, de petits balcons, des fleurs, des rideaux, des lumières le soir... Soudainement, ce tronçon de Saint-Henri venait de reprendre vie. Ce sont ainsi 750 unités de lofts authentiques (et quelques nouvelles unités), avec des structures de béton apparentes et des plafonds de 14 pieds de hauteur, qui ont été aménagées.

Ce qu'on a réussi à faire avec les usines d'Imperial Tobbaco, c'est la réhabilitation de trois quadrilatères qui étaient complètement à l'abandon à la suite du départ de l'équipement de fabrication de cigarettes vers le Mexique. Et c'est surtout, surtout, la venue de plus de 1 000 nouveaux résidents dans le quartier.

Loft Impérial a aussi été l'occasion de réaliser la politique d'inclusion sociale de la Ville de Montréal et de construire trois coopératives d'habitation qui s'intègrent très bien au projet d'ensemble et qui contribuent à l'animation du lieu.

Nous avons voulu créer une véritable communauté. Nous avions la densité suffisante pour y croire. Nous avons conservé le symbole de l'horloge qu'on voit de l'autoroute 720 et avons pu l'aménager en un espace *lounge* pour les résidents. Nous avons transformé le quai de déchargement en un terrain multisport où il est possible de jouer au basketball ou au hockey. Nous nous sommes approprié les toits pour donner des espaces de vie l'été. La clientèle a adhéré au projet. On a vu émerger une vie sociale entre les résidents de Loft Impérial. Des tournées de restaurants, des dégustations de bières du quartier. De grands nettoyages du printemps, des clubs de course. Par les espaces communs, nous avons donné l'occasion aux gens d'apprendre à se connaître, d'avoir envie d'interagir entre eux et avec leur milieu.

Ces 1 000 nouvelles personnes ont compté beaucoup dans l'émergence de petits commerces de proximité et de destinations. Aujourd'hui, Saint-Henri est un quartier en pleine transformation. La rue Notre-Dame connaît une revitalisation sans précédent qui donne envie à tant d'autres de s'installer dans le quartier.

Le Seville, ancien théâtre fermé dans les années 1980, est probablement l'exemple le plus frappant et le plus direct de la revitalisation que peut amener l'immobilier dans un lieu donné. Cette portion de la rue Sainte-Catherine, à l'abandon depuis la fermeture du Forum, était un autre trou béant de la métropole. Nous étions loin d'être confiants avec ce projet. Nous avions du mal à imaginer comment attirer de nouveaux venus dans ce quartier peu dynamique. Pourtant, son lancement a été un véritable succès. Les gens ont formé une file d'attente plus de 36 heures avant l'ouverture du bureau des ventes et l'ensemble de la phase 1 s'est vendu en moins de 3 heures. On aimerait bien s'attribuer tout le crédit pour ce succès, mais le fait que Shaughnessy Village était un des quartiers les plus populeux du Canada et qu'aucune nouvelle construction n'y avait vu le jour dans les 20 dernières années y a grandement contribué. Beaucoup de locataires de longue date dans le quartier désirant devenir propriétaires ont ainsi sauté sur l'occasion.

En moins de 3 ans, nous avons vendu et construit 500 unités réparties en 3 phases dans ce quadrilatère de Sainte-Catherine. Ce ne sont pas autant de nouveaux résidents que nous avons amenés, mais nous les avons gardés dans leur quartier. D'un bâtiment placardé à l'abandon à un bâtiment habité, ça valait le coup d'œil. Ce fut bien plus qu'un simple changement de vocation.

D'autant plus que nous avons également eu un impact sur le plan commercial. Parce que nous avons attiré des commerces extrêmement populaires qui ont redynamisé l'endroit dès qu'ils ont ouvert leurs portes. Nous avons redonné vie à une toute petite portion de la rue Sainte-Catherine, mais ceci a eu un effet d'entraînement extrêmement positif. Devant le succès du Seville, d'autres projets immobiliers ont vu le jour. Avec le réaménagement du square Cabot qui s'est finalisé l'année suivante, c'est tout Shaughnessy qui est aujourd'hui en revitalisation.

Il y a aussi le 21e Arrondissement, projet d'envergure situé au cœur du Faubourg des Récollets, à l'ouest de la rue McGill. On sait à quel point un stationnement à ciel ouvert peut être néfaste pour l'expérience piétonne d'une ville. Ainsi, sur cet ancien stationnement, nous sommes en train de réaliser 900 unités d'habitation. Ce sont environ 1 500 personnes de plus qui s'approprieront Montréal.

La particularité de ce projet-là, c'est que la densité nous permet de créer un square central public entouré de terrasses, de petits cafés, de restaurants, d'une boulangerie, possiblement d'un marché maraîcher et peut-être même d'un bar à vin. Bref, des commerces qui donnent envie de manger et de boire, qui favoriseront encore ici l'interaction et les contacts humains, qui donneront envie de se rassembler, de s'attacher à un endroit. Un endroit où tous auront envie de flâner, de profiter et de vivre la ville. C'est l'occasion d'avoir des Montréalais qui peuvent travailler, vivre et se divertir dans un même lieu sans avoir besoin de voiture.

Il faut entendre Jacques parler du 21e Arrondissement. Je ne pourrai jamais affirmer avec certitude quel projet a la préférence de mon père, mais si j'avais à parier, je miserais sur celui-ci. C'est un concept qu'on a imaginé pour nous faire plaisir. Plutôt que de réfléchir seulement en termes de valeur économique, nous avons réalisé des choses qui nous animent, qui nous donnent envie d'habiter sur nos projets. Qui nous créent de l'émotion. Et quoi de mieux que la bonne bouffe partagée avec ceux qu'on aime pour créer de l'émotion ?

Avec le réaménagement de l'autoroute Bonaventure, nous espérons sincèrement que ce projet, grâce à la continuité de l'offre de petits commerces de proximité entre la rue McGill et la rue Peel, permettra au Vieux-Montréal de rejoindre Griffintown. C'est ainsi tout le quartier qui s'ouvre plutôt que de rester enclavé. L'avenir dira si notre pari sera réussi !

Lowney est le projet, selon moi, le plus marquant de notre histoire. Nous en sommes à la toute fin, nous livrerons la dernière unité cet automne, au même moment où Prével fêtera son 40e anniversaire. Nous l'avons développé pendant plus de 12 ans. Non pas parce qu'il était difficile à vendre, mais plutôt parce que son succès nous a amenés à l'étendre à plusieurs îlots. J'ai une certaine proximité affective avec ce projet parce qu'il est tout aussi important pour l'histoire de Prével que pour mon évolution professionnelle.

La première fois que j'ai mis les pieds sur le site du Lowney, c'était pour faire un relevé du bâtiment avec nos architectes. J'avais 20 ans. C'est l'âge où il est important d'être cool. Alors j'avançais avec toute l'assurance dont j'étais capable. Et je faisais semblant…

Le lieu était vraiment lugubre. Le terrain était rempli de débris, les bâtiments étaient en décrépitude. Il y régnait une odeur terrible. Même s'il y avait un poste de police juste en face, je n'étais pas rassurée parce que les policiers nous avaient conseillé de parler très fort pour éviter de surprendre qui que ce soit.

Prével était tout nouvellement propriétaire de ces usines inoccupées. Nous espérions les transformer en lofts. Je ne connaissais absolument rien au métier de promoteur, et je commençais à me dire que mon père et Jonathan non plus ! Je ne pouvais pas imaginer que quelqu'un puisse vouloir un jour vivre là !

Non seulement les bâtiments étaient vraiment glauques, mais il n'y avait surtout rien autour, sauf la courageuse École de technologie supérieure. Pas un commerce, pas un bout de parc, pas un seul passant à l'horizon.

C'était en 2003. « Griffintown » était un mot qui appartenait au passé. Les années de gloire de ce quartier remontaient au 19e siècle. Et les années 1960 l'avaient transformé en secteur principalement industriel.

Quinze ans plus tard, Griffintown est méconnaissable. Il est redevenu un vrai quartier résidentiel. Notre projet, le Lowney, avec ses 1 700 unités, a contribué à façonner tout un quartier. C'est toute une communauté qui s'est développée de manière organique.

Beaucoup de nos quelque 2 000 résidents sont des Montréalais d'adoption. Des nouveaux venus qui ont choisi de s'enraciner à Montréal. C'est tout un impact dans leur vie personnelle, autant que dans celle de la métropole. Et si cet enracinement s'est créé de plusieurs façons, les espaces communs y ont joué un rôle important.

En regardant de l'extérieur, on se questionne souvent sur la nécessité des espaces communs. Mais ces espaces communs sont pour Prével un simple prétexte pour créer de la vie dans un projet.

Parce que si les espaces communs sont bien conçus, ils donneront envie aux gens d'y passer du temps. Et si les gens occupent ces espaces collectifs, ils se donnent la chance d'être en interaction et de développer un sentiment d'appartenance à une communauté.

Est-ce une vision utopique ? Après 1 700 unités construites, 70 % de notre clientèle provient de références de ses amis ou rachète avec nous. C'est 70 % de 1 700 personnes qui considèrent que d'appartenir à la communauté du Lowney apporte une contribution positive à leur vie. Assez pour convaincre d'autres gens d'y venir et d'y répéter leur expérience.

Les espaces communs étaient un concept plutôt inédit au début des années 2000. Nous avions déjà fait des terrasses pour permettre aux gens de se rencontrer. Nous avons voulu étirer le temps utile de ces terrasses, alors nous avons créé un espace intérieur à proximité. Ça ne faisait même pas 600 pieds carrés. Il y avait un foyer et quatre fauteuils. Afin de lui donner un petit côté chaleureux, nous avons ajouté quelques branches dans un pot. Et voilà ! Nous venions de créer le tout premier chalet urbain. Et c'est là que nous avons compris toute l'importance de créer des lieux rassembleurs, parce que la magie a opéré.

Entre les propriétaires des 64 premières unités du Lowney, quelque chose d'unique s'est passé. Probablement parce qu'il n'y avait pas grand monde dans l'environnement immédiat, ou peut-être parce qu'il n'y avait rien d'attrayant dans les rues avoisinantes… Mais pendant les premiers étés, les toits du Lowney ont été magiques.

Nos deux vendeurs avaient acheté chacun une unité et j'aimais me joindre à leurs soirées. Ils collaient toutes les tables de la terrasse ensemble, tout le monde apportait son steak et une bouteille de vin à partager, et tous espéraient que les soirées ne finissent jamais.

Je pense que tous nos acheteurs de la phase 2 étaient des amis ou des connaissances des gens de la phase 1 qui, comme moi, avaient goûté à ces soirées d'été mémorables et voulaient en faire partie. Bien que nous ayons pris 2 autres années à vendre les 65 unités de la phase 2, nous savions que nous avions mis le doigt sur quelque chose.

Nous comprenions mieux notre clientèle : seulement des jeunes, un peu téméraires et sans trop de moyens, pouvaient vouloir vivre dans un environnement aussi peu développé. Parce que même en 2006, Griffintown était toujours aussi désert.

Alors, pour la phase 3, nous avons retravaillé nos unités pour les rendre plus abordables, plus fonctionnelles. Nous sommes arrivés avec une unité de 650 pieds carrés – une chambre – qui fonctionnait à merveille. Ça semble banal aujourd'hui, mais à l'époque, c'était toute une révolution, alors que la norme pour un condo d'une chambre était de 900 pieds carrés.

Et nous avons raffiné nos terrasses et nos chalets urbains. Et là, le vent a tourné. Nos ventes ont décollé. Entre nos unités abordables et nos espaces communs qui amenaient une atmosphère unique, nous réussissions à créer un vrai sentiment d'appartenance.

De plus en plus de gens voulaient en faire partie. Nous avions un taux de référence impressionnant. Nous avons rapidement terminé notre îlot avec les phases 3 et 4.

Un peu plus tard, nous avons eu la chance de pouvoir mettre la main sur le terrain situé au nord. Prével avait le vent dans les voiles. Nos unités se vendaient plus rapidement que notre capacité à fournir des plans. Et là, ce n'étaient plus juste des marginaux très urbains. Nous avions de plus en plus de jeunes de la banlieue. Notre unité d'une chambre avait été travaillée et retravaillée, et elle avait maintenant 550 pieds carrés.

Les terrasses étaient toujours plus conviviales et invitaient à se regrouper, mais nous y ajoutions aussi des espaces plus zen pour se détendre. Notre chalet urbain faisait maintenant honneur à son nom avec ses 1 500 pieds carrés.

Et ça marchait ! Nos clients voulaient nous suivre, évoluer avec nous.

Nous avons donc acheté le terrain au sud de la chocolaterie pour en faire le Lowney 8 à 11. Nous travaillions d'arrache-pied pour toujours amener nos concepts d'espaces communs un peu plus loin. Pas d'espaces extravagants, rien de clinquant ni d'ostentatoire, mais de l'espace et de la convivialité, avec l'objectif d'en donner toujours plus à notre client.

Nous avons ainsi décidé de connecter les 4 phases du Lowney 8 à 11 par des passerelles pour donner à nos clients 4 toits avec des thématiques différentes. En achetant une unité de 500 pieds carrés, vous aviez accès à plus de 12 000 pieds carrés de terrasse. Nous avons aussi développé un centre sportif d'envergure avec un espace spa et une piscine intérieure.

Et nous avons osé la conception d'une unité de 400 pieds carrés avec une chambre. Nous avons aussi fait des villas sur le toit pour rejoindre les couples qui voulaient agrandir leur famille.

D'une phase à l'autre, c'était l'occasion d'ajuster un plan, de peaufiner un corridor, d'améliorer un toit-terrasse, d'échanger avec notre clientèle.

De phase en phase, nous avons voulu mettre la barre toujours un peu plus haut. Et la clientèle nous suivait, nous soutenait. Le sentiment d'appartenance était bien réel.

Avec Lowney sur Ville – nous n'avions pas le choix de changer de nom pour éviter le Lowney 13 –, encore plus au sud, nous avons eu le luxe de la hauteur… et des vues incroyables…

Le quartier avait changé. Beaucoup d'autres promoteurs s'étaient joints à nous. Il y avait maintenant des épiceries, des pharmacies. Nous avons ajouté des commerces de proximité au rez-de-chaussée. Nous avons testé notre unité de 634 pieds carrés avec 2 chambres. Et la clientèle était toujours au rendez-vous.

Aujourd'hui, le Lowney, ce sont donc 1 700 unités d'habitation, 5 chalets urbains, 5 centres sportifs, 12 toits-terrasses aménagés, 60 à 70 % de taux de référencement, 95 à 98 % de taux de satisfaction. Et si l'on exclut les deux premières phases, il n'y a aucune unité en inventaire à travers toutes ces années, c'est-à-dire aucune unité non vendue une fois la construction terminée.

Mais au-delà de la brique, du béton et des statistiques, Lowney est une communauté. En étant à l'écoute de nos clients et de leurs besoins, en imaginant des lieux qui rassemblent, nous avons créé un projet humain. Ce sont nos résidents qui rendent le Lowney aussi vivant, qui animent Griffintown, qui prennent racine à Montréal, qui marchent les rues et les parcs, qui stimulent la mobilité et l'économie, qui rendent la ville aussi dynamique.

Alors, au final, en tant que promoteurs, qu'avons-nous vraiment accompli ?

Nous avons façonné un quartier par la densification ! C'est un mot qui fait souvent peur, la *densification*. La quantité de condos qui se construisent fait souvent peur. Pourtant, pour reprendre une expression d'André Lavallée, « Des condos, ce sont des coopératives de propriétaires. »

Et ces propriétaires-là, ces humains-là qu'on amène dans la ville, créent de la vie.

Avec Lowney, c'est toute une masse critique que nous avons amenée dans le quartier et qui aujourd'hui exige des services, des parcs, des écoles. C'est sûr qu'il est mieux de le planifier en amont, mais inévitablement la Ville offrira ces services devant l'insistance des résidents. Avec les nombreux projets immobiliers qui se développent aujourd'hui dans le quartier, la demande s'intensifie, et je suis certaine que dans quelques années, le quartier sera beaucoup plus équilibré et que les nouveaux venus ne réaliseront pas que le développement de Griffintown n'a pas été suffisamment planifié.

Je pourrais élaborer encore longuement sur nos projets. Union sur le Parc, notre premier projet urbain qui a fait une grande place à la famille. Avec un minigym pour enfants, un atelier créatif et une grande cuisine collective. Et le Cambridge. Et Époque. Et le Cherbourg. Et le S sur le Square. Et le Graham. Mais un peu comme une mère qui fanfaronne à tout vent sur ses enfants, je sais que l'oreille qui reçoit a une tolérance limitée à s'émouvoir.

J'ajouterai simplement que le condo n'est pas forcément le vilain qu'on se plaît à mépriser. Il peut avoir un rôle très positif dans l'amélioration de la qualité de vie de tout un quartier. Par le bâtiment construit, on peut proposer une architecture qui s'intègre harmonieusement dans son environnement tout en respectant le patrimoine, une architecture actuelle et représentative de son époque. En animant des façades qui étaient abandonnées, on permet la continuité urbaine, on peut lier des quadrilatères et des quartiers tout entiers. Visuellement, on peut contribuer à embellir la ville en la densifiant.

Mais au-delà du construit, c'est l'humain qui peut animer la ville. En densifiant, on amène un plus grand nombre de personnes dans la rue, dans les commerces, dans les espaces urbains. Ce sont eux, les véritables éléments de changement. Il faut leur proposer des habitations qui seront suffisamment attrayantes pour combattre l'appel de la banlieue, du grand terrain et de l'individualité. Il faut leur offrir un lieu qui leur donne l'occasion de s'attacher à leur milieu social, leur offrir des espaces communs qui développent le sentiment de communauté.

Lorsqu'on crée des connexions entre les résidents, c'est tout le quartier qui en bénéficie et qui favorise la « *collision* », comme le mentionne encore Edward Glaeser dans *Triumph of the city*[10], c'est-à-dire la rencontre imprévue, inattendue, de purs inconnus. C'est ainsi que le tissu social d'une ville se crée, s'invente, se vit. C'est ainsi que les fils se tissent. Par une belle soirée d'été sur les toits du Lowney.

10. Edward Glaeser, *Triumph of the City : How Our Greatest Invention Makes Us Richer, Smarter, Greener, Healthier, and Happier*, Pan Macmillan, 2011.

FENÊTRE 9

Le féministe avant l'heure

« TON PÈRE, IL AURA ÉTÉ UN FÉMINISTE avant l'heure ! », m'a déjà dit, admirative, une amie. Michelle Obama venait de faire un plaidoyer vibrant sur la nécessité pour les dirigeants de faire une place aux femmes dans les hautes sphères. « Vous avez le choix : soit vous amenez plus de personnes autour de la table, soit vous cédez votre place », avait-elle affirmé devant un parterre composé d'un grand nombre de personnes influentes.

Pourtant, Jacques ne se définirait jamais comme un féministe parce que pour lui, homme ou femme, il n'y a pas lieu de faire de différence. Plutôt que de parler de féminisme, je dirais que mon père n'a jamais pris le genre en compte.

À une époque où les différences entre les hommes et les femmes étaient beaucoup plus marquées qu'aujourd'hui, mon père était celui qui faisait l'épicerie et la cuisine à la maison. C'est d'ailleurs un cuisinier hors pair. Il a l'art de faire des sauces avec presque rien et son amour de la gastronomie l'a toujours amené à parfaire ses créations, à chercher à innover… C'était ancré en lui, même pour la bouffe !

Son canard à la sauce aux framboises est exceptionnel et c'est un classique dans la famille, même s'il a toujours cherché à l'améliorer, à explorer. Il y a quelques années, j'ai dû me fâcher : « Ça suffit, tes tentatives avec des sauces au porto ou aux champignons, tu feras ça quand tu seras tout seul avec maman ! Quand on vient manger, c'est une sauce aux framboises qu'on veut ! »

Et s'était ensuivie toute une discussion concernant « mon conformisme et mon esprit fermé » ! Et moi de lui répondre que « du changement pour du changement, ce n'est pas de l'innovation ! Ça ne comble aucun besoin. » Parce que chez nous, la nourriture, comme bien d'autres choses, est prétexte pour argumenter, pour se moquer, pour s'aimer.

Que ce soit avec son canard aux framboises, sa tarte au chocolat, ses pâtes aux fruits de mer ou sa sauce aux champignons – pour accompagner le steak, pas le canard ! –, mon père a toujours été un grand chef à nos yeux. Et peu importe ce qui devait être fait, chez nous, je n'ai jamais entendu dire que c'était une tâche d'homme ou une tâche de femme.

En grandissant, je n'ai même jamais entendu : « Tu es autant capable que les garçons de faire ce que tu veux. » Dans notre famille, la distinction entre les hommes et les femmes n'existait pas. Pour Jacques, elle n'avait tout simplement pas lieu d'être. Pour lui, c'était une construction sociale.

Il a essayé, en jouant avec nous lorsque nous étions enfants, de nous intéresser à des camions, à des pistes de course et à des pelles mécaniques, mais cette initiative n'a pas eu, ni avec ma sœur ni avec moi, le succès qu'il escomptait.

Confrontée à la réalité que vivaient mes amis, aux stéréotypes présents dans leurs familles, je lui posais inévitablement la question : « Papa, aurais-tu préféré avoir des garçons ? »

Je dois ici prendre une pause et faire un aveu. À 10 ans autant qu'à 36 ans, quand la réponse à ma question n'est pas celle anticipée, je la repose inlassablement. J'ai donc dû poser cette question des dizaines de fois à travers mon enfance, mon adolescence et ma jeune vingtaine. Je me disais qu'inévitablement, il devait rêver, secrètement, d'avoir des garçons. J'étais convaincue qu'il devait lui manquer quelque chose en n'ayant eu que des filles.

Il avait pourtant des arguments à me faire valoir. Déjà, il y a plus de 30 ans, il avait cette conviction qu'un rééquilibrage entre les hommes et les femmes allait s'imposer. Il me parlait souvent de la façon dont la société était bâtie, qu'elle avait longtemps valorisé le fait d'être fort, d'être doué pour le travail manuel, mais que la société se dirigeait davantage vers une économie du savoir – je ne suis pas sûre qu'il utilisait ces mots à l'époque –, que les hommes avaient moins été encouragés dans cette direction et que, naturellement, il leur serait peut-être moins aisé de se rediriger vers l'intellectualisation des professions. Qu'un jour pas si lointain, la vie serait plus difficile pour les hommes parce qu'ils perdraient leurs points de repère, parce qu'ils ne se reconnaîtraient plus dans les modèles de société.

C'est un discours assez courant aujourd'hui, mais cette vision, il y a 30 ans, offrait une perspective plutôt avant-gardiste. Bien sûr, il ne répondait pas directement à ma question, et c'est peut-être la raison pour laquelle je l'ai posée autant de fois. Mais, dans le fond, je savais que c'était sans importance parce qu'il ne nous regardait pas avec ces yeux-là. Le genre ne définissait pas la personne pour lui et nous le sentions très bien. Et maintenant que je suis moi-même maman d'une fille et de deux garçons, je suis à même de constater l'authenticité de ses convictions en le voyant interagir identiquement avec chacun de mes enfants.

C'est heureusement une pensée qui se popularise, mais pour d'autres, cette différenciation est imprégnée au plus profond de leurs gènes. Et ils sont encore nombreux. Même parmi les êtres qui me sont chers ! J'ai un bon ami. Notre amitié dure depuis le collège. Nous avons fait les quatre cents coups ensemble. C'est un gars éduqué et actuel qui possède un grand leadership. Je me souviens de sa première réaction quand je lui ai annoncé que mon deuxième enfant était un garçon alors que le premier avait été une fille :

— C'est cool, ça va faire de la relève pour Prével !

— Hein ? Tu ne dis pas ça sérieusement ?

— Pourquoi ?

Je voyais bien qu'il ne comprenait pas mon questionnement.

— Voyons ! Pourquoi est-ce que ça ne pourrait pas être ma fille qui prenne un jour la relève à son tour chez Prével ?

— Ben là, je dis ça parce que c'est une entreprise de construction, tu comprends…

— Mais comment peux-tu dire ça ? Je réfléchis à prendre moi-même la relève… et je suis une fille !

— Je sais, mais toi, c'est pas pareil, tu es comme un gars !

Je n'ai jamais aimé la danse, la mode ou les magazines à potins. J'aimais être « *one of the boys* », j'aimais le sport et j'étais plutôt directe dans mes relations avec les autres. J'ai donc davantage été perçue par les gars comme un de leurs « chums » que comme une fille. C'était un compliment pour moi parce que je me sentais acceptée, mais j'aurais préféré ne pas avoir besoin de cette étiquette.

Est-ce réaliste de croire qu'il n'y a pas de différences entre les hommes et les femmes ? Peut-être pas. Mais est-ce qu'on est obligé d'en faire un cas ? Est-ce qu'on peut juste considérer le genre – masculin ou féminin – comme un fait qui n'enlève ni n'ajoute rien ? Pourquoi doit-on absolument chercher à s'identifier comme « homme » ou comme « femme » ? C'est cette liberté-là aussi que mes parents m'ont offerte. Celle de ne pas avoir besoin de me définir. Je pouvais être, tout simplement. Le fait d'être une femme ne changeait absolument rien.

Ils ne sont pas nombreux, les fervents de cette théorie, dans mon industrie. Je peux vous en raconter, des situations où j'ai senti qu'être une femme représentait, pour mes interlocuteurs, un enjeu. Du gars de chantier, en 1999, qui me disait avec un sourire en coin : « Il ne t'aime pas, ton père, pour t'envoyer sur un chantier ! » au contremaître qui s'est retourné 2 fois, ignorant le fait que notre directeur de construction venait de me présenter comme la coprésidente de l'entreprise. Du gars de terrain qui ne parle qu'à mon partenaire masculin au compétiteur qui m'ignore jusqu'à ce que mon titre soit mentionné.

Une fois, je participais à un panel réunissant plusieurs acteurs de notre industrie, tous des hommes sauf moi... L'animateur s'est mis à présenter mes collègues en détaillant leur historique professionnel, soulignant leur apport à l'industrie. Arrivé à moi, il a mentionné simplement : « Laurence Vincent de Prével » et m'a remerciée « de leur permettre de n'avoir pas qu'un panel masculin », avant de passer au suivant et de préciser son curriculum vitæ. J'ai gentiment souri. J'ai pensé énoncer ma propre biographie. Mais j'ai plutôt choisi d'être pertinente dans les échanges qui ont suivi.

L'essentiel, c'est que dans ma tête, dans tout mon être et dans mon estime de moi-même, cette différence n'existe pas. Et c'est cette perception qui change toute la donne.

Toutes les fois où j'aurais pu considérer que j'étais victime de discrimination, je ne me suis pas sentie persécutée parce que je sentais que je n'avais rien à prouver. Que s'ils étaient arriérés, inconséquents, ou simplement machos, c'était bien leur problème et non pas le mien.

J'ai même eu à faire face à une situation où je me suis fait dire : « Il est misogyne, tu es mieux de ne pas venir. Sinon, tu vas faire foirer le *deal.* » J'aurais pu m'indigner, m'entêter, insister. Mais vous savez quoi ? Je n'aurais absolument rien changé dans la tête de ce vieux machiste et, en plus, j'aurais perdu une belle occasion d'affaires. Alors, pourquoi m'obstiner ? Pourquoi me battre contre de vieux moulins à vent ?

N'allez pas comprendre que je suis contre la lutte et les revendications. La réalité, c'est qu'en général, je ne sens absolument pas cette disparité. Peut-être qu'il y a un peu de déni dans mon approche. Mais la réalité est que les hommes en général me reçoivent très bien. Certains même mieux que si j'étais un des leurs. Peut-être par délicatesse ou par envie de modernisme ? Pourquoi pas ? Et ceux qui me prennent de haut, je me fais un plaisir de ne pas les confronter et de laisser plutôt la situation, ma connaissance des dossiers ou la reconnaissance de mes collègues les mettre face à leurs propres préjugés. Je ne ressens pas le besoin de prouver quoi que ce soit à qui que ce soit. Et je dois avouer que je savoure leur surprise quand la réalité les rattrape. Ce n'est pas méchant, ce n'est même pas une revanche, c'est un sourire moqueur. Probablement le même que mon père, d'ailleurs.

Pour avoir discuté avec plusieurs consœurs, je sais que toutes ne vivent pas la même réalité que moi et je ne voudrais surtout pas ternir les combats, bien réels, que certaines doivent mener. J'ai la chance – c'est bien là que ce livre prend sa raison d'être – de pouvoir mettre une carte professionnelle de Prével sous le nez des plus sceptiques. S'ils n'ont aucune foi en moi, au moins reconnaît-on la valeur de l'entreprise. Et ils m'accordent de l'importance ou de l'intérêt parce que Prével me précède avec une crédibilité qui est beaucoup plus grande que la mienne. J'aurais beau être convaincue de ma valeur, sans ces 40 ans de travail de mon père et les réalisations de Jonathan et de Jacques, les portes ne s'ouvriraient pas aussi facilement pour moi.

Pour celles qui n'ont pas la chance d'être précédées, je pense sincèrement que la vie professionnelle peut être plus difficile au féminin qu'au masculin. J'ai beau remercier le logo sur ma carte professionnelle, je me dois de reconnaître les combats des générations précédentes. Je sais très bien qu'à une autre époque, ni le logo, ni le nom de l'entreprise, ni quoi que ce soit n'y aurait absolument rien changé. Je sais que les féministes n'aiment pas parler de victoire parce qu'elles ne veulent surtout pas donner l'impression que la lutte vers plus d'égalité est définitivement gagnée – elle ne l'est pas –, mais je pense tout de même qu'il faut reconnaître les gains et célébrer les victoires.

Si le logo de Prével m'a ouvert des portes, j'ai eu en revanche beaucoup plus de difficulté avec mon jeune âge. Combien de fois a-t-on levé les sourcils devant mes responsabilités. Alors que j'avais l'habitude de voir mon père accorder de l'importance aux qualités personnelles plutôt qu'à l'âge ou au genre. Alors que j'ai toujours senti une confiance et une grande ouverture d'esprit de la part de Jonathan malgré mon jeune âge. Mon manque de rides semblait soudainement être un enjeu.

L'année précédant l'annonce de la relève, au moment où nous nous trouvions avec des financiers potentiels, un de ceux-ci s'est tourné vers moi, incrédule : « *You're the next big boss ? But you look just like a baby !*[11] » Je n'y ai vu aucune méchanceté, seulement de l'étonnement, avec tout de même une pointe de condescendance.

Il y a deux ou trois ans, nous nous sommes présentés devant des fonctionnaires municipaux. Bien qu'accompagnée de Jonathan et Jacques, j'étais celle qui présentait les arguments, qui défendait notre point de vue. Ça n'a pas empêché une fonctionnaire présente de me mettre la main sur l'épaule en quittant et de me dire gentiment : « Si jamais tu cherches un travail, on est toujours intéressés à avoir des étudiants allumés. »

11. Traduction libre : « C'est toi le prochain patron ? Mais tu as l'air d'une enfant ! »

L'année dernière encore, à l'occasion d'une rencontre, l'homme avec qui nous avions rendez-vous, mon père et moi, m'a regardée gentiment et m'a demandé : « Tu fais un stage avec ton papa ? » J'étais vice-présidente marketing et la relève avait été annoncée…

C'est vrai que je pourrais faire des efforts et essayer de m'habiller de façon un peu plus conventionnelle. Je pourrais porter des tailleurs et des talons hauts. Je pourrais me maquiller. Mais je dois avouer que j'ai du mal. Ce ne serait pas moi. Peut-être est-ce de l'énergie perdue, peut-être y a-t-il de meilleurs combats à mener, mais je dois avouer que je suis un peu en guerre avec les conventions vestimentaires du monde des affaires.

L'autre jour, j'arrivais à une conférence à la Chambre de commerce de Montréal et, un peu dans la lune, j'observais les gens. Tout à coup, j'ai remarqué une femme, fin quarantaine, qui n'avait pas de talons hauts. Elle portait des souliers plats, avec un habillement pourtant plus formel. Elle a attiré mon attention, mais sans plus. J'ai continué à observer la foule qui déambulait. Et puis une femme m'aborde, elle me pointe ses souliers. Je reconnais la dame aux souliers plats : « J'ai tellement honte. Je vous ai vue regarder mes souliers. J'ai dû marcher beaucoup et je n'ai pas eu la chance de repasser par le bureau pour mettre des talons. » Je n'ai pas pu la rassurer, lui dire que j'étais, au contraire, bien contente de ne pas être la seule en talons plats. Je suis restée tellement surprise que je n'ai pas pu lui répondre avant qu'elle disparaisse. Mais sérieusement ! La honte est un sentiment fort. Est-ce que, vraiment, le fait pour une femme de ne pas porter de souliers à talons hauts doit entraîner un sentiment de honte ?

Je me dois aussi de raconter ma première rencontre avec la mairesse Valérie Plante. Durant l'avant-midi, j'avais rencontré plusieurs grandes pointures de l'industrie, généralement tous des hommes blancs dans la soixantaine – c'est la marque de commerce de notre industrie. Je discutais avec la mairesse et une autre collègue du même âge que moi quand un de ces hommes en question s'est joint à nous. Il nous a mis les mains sur les épaules, à ma collègue et à moi, et s'est adressé à la mairesse : « Des bien bonnes filles, ça ! » Il n'est pas resté plus longtemps et nous a laissées un moment interloquées. Était-ce le fait d'avoir réellement vécu ce moment absurde où un pur inconnu vient entériner ma valeur devant une figure politique qui m'a jetée par terre ? Il n'était pas méchant. Il pensait au contraire bien faire. Je reste persuadée que, pour lui, il s'agissait d'une bonne action. Pourtant, il faut en convenir, son attitude était empreinte de paternalisme…

Je crois que j'aurais été tout aussi estomaquée si ça avait été une femme qui avait agi de la sorte, mais bizarrement, je n'arrive pas à imaginer qu'une femme puisse se conduire de cette façon. Même s'il s'agit d'un moment anodin, il est, je pense, représentatif du comportement de beaucoup d'hommes de cette génération. Et cela me confirme, une fois encore, à quel point mon père est moderne et avant-gardiste.

FENÊTRE 10

Choisir Montréal

LE QUÉBEC VIEILLIT et ses entrepreneurs aussi. Selon une étude récente[12], plus de 75 % des entrepreneurs entendent céder leur entreprise dans un horizon de 5 ans. Et le Québec perdra cette année, selon le ministère de l'Économie, de la Science et de l'Innovation, 25 200 entrepreneurs. La question de la relève en entreprise devient donc un enjeu de société.

Prendre la relève au sein d'une entreprise familiale doit être un choix. Un choix réfléchi. Pas imposé, ni par la famille, ni par les évènements, ni parce que ce serait « dans l'ordre des choses ». Ça doit venir des tripes autant que de la tête. Pour être digne de l'héritage de ses parents, il ne faut à aucun moment penser que l'entreprise nous est due.

Enfants de la relève, développez votre vision de l'entreprise ! Une vision qui vous ressemble. Ayez vos propres rêves. Et en parlant de rêves, une citation d'un article de *La Presse* sur Jacques me revient en

---

12. Regroupement des jeunes chambres de commerce du Québec et Centre de transfert d'entreprise du Québec, *Reprendre, c'est entreprendre !*, 2017.

tête : « Inutile de parler de rêves à Jacques Vincent : réaliser ses rêves ? Il ne fait que ça[13] ! »

J'ai eu des frissons quand j'ai lu ces lignes. J'ai eu des frissons parce que la journaliste avait réussi à mettre des mots sur ce que j'avais découvert de mon père au cours des dernières années. Non seulement réalisait-il ses rêves, mais « il ne faisait que ça ! » Et il avait un plaisir fou à bâtir son entreprise, sa ville.

C'est un sentiment que je reconnaissais en lui, mais que je vois aussi grandir en moi. Ça fait un peu cliché, je le sais, mais je me dois de l'écrire quand même : je n'ai pas l'impression de travailler une seule minute de ma vie. Même quand c'est difficile, même quand c'est décourageant, même quand rien ne va comme je le voudrais. Dès que je m'arrête, je ne peux que me dire que je fais le plus beau métier du monde. Que j'ai une chance inouïe de pouvoir façonner une ville que j'aime tant. De pouvoir contribuer du mieux que je peux à faire vivre des expériences d'habitation positives. D'avoir entre les mains une entreprise suffisamment prospère pour redonner à des causes qui me sont chères.

Je suis néanmoins consciente du danger que représente l'amour de son travail. Je me lève le matin en pensant à nos équipes, à nos projets. La fin de la journée arrive toujours trop vite. Et le soir, il m'arrive trop souvent de me perdre dans mes pensées. La passion pour ce que l'on fait peut devenir envahissante.

---

13. *La Presse,* Carole Thibaudeau, 21 octobre 1986.

Allez savoir pourquoi, j'ai choisi un amoureux qui ressemble beaucoup à mon père. Il a la moquerie facile. Il n'a pas le compliment sur la main. Il veille farouchement sur sa liberté. Il respecte celle des autres. Il ne cherche pas la reconnaissance. Il a le plaisir spontané. C'est un grand solitaire. Et, si c'est humainement possible, il aime encore plus le vin et la bonne bouffe que Jacques ! Mais, surtout, comme mon père, il a une approche très égalitaire.

Pour lui, faire sa part dans notre quotidien familial va de soi, et quand les circonstances m'amènent à en faire moins que lui, il me rappelle à l'ordre.

Je dois avouer que, dernièrement, ça arrive plus souvent et que ça suscite beaucoup de discussions entre nous. Peu importent les bonnes raisons que je peux avoir, je sais que c'est lui qui a raison. Je l'oublie parfois, mais malgré les responsabilités professionnelles qui sont les miennes, malgré les enjeux prenants auxquels je fais face quotidiennement, malgré les occasions emballantes qui se présentent très souvent, je dois protéger plus que tout cet ancrage que représente ma famille. Pour mes enfants, pour mon amoureux, mais surtout pour moi-même. Je veux être là pour réveiller mon bébé le matin. Je veux être là pour placoter avec ma fille avant le dodo. Je veux être là pour les parties de chatouilles avec mon grand. Je veux être là pour les soupers en famille.

Nous avons une entente de couple : je ne suis absente de la maison qu'un seul soir par semaine. C'est parfois un tour de force. Je transgresse cette règle de temps en temps. Je maudis cette entente à mes heures. Mais je suis reconnaissante pour la mère et la blonde qu'elle me force à être : celle que je veux être.

Une fois, alors que nous lunchions, Jacques et moi, avec un confrère et que le sujet de « mon soir par semaine » est arrivé dans la conversation, le monsieur, du même âge que mon père, a ricané un peu :

— Ouin, c'est compliqué de nos jours !

Je n'ai pas pu retenir ma réplique sanglante :

— C'est sûr que quand c'étaient vos femmes qui s'occupaient de tout, ça devait être pas mal plus simple !

Mon père avait souri, faussement découragé par ma réponse intempestive, mais au fond de lui, je sais qu'il me donnait raison.

Comme l'a souligné Shawn Achor[14], professeur à Harvard, beaucoup sont convaincus que c'est en travaillant très fort qu'on obtient du succès et qu'une fois le succès atteint, on a des chances d'être heureux. Achor a très bien démontré que cette façon de voir la vie, et la vie professionnelle en particulier, n'est pas la bonne. C'est être heureux d'abord et avant tout qui amène le succès. Avoir le cœur léger, se sentir aimé et soutenu, se sentir en forme : voilà les conditions pour donner le meilleur de soi-même et aspirer au succès.

---

14. Shawn Achor, *The Happiness Advantage : How a Positive Brain Fuels Success in Work and Life,* Crown Publishing Group, 2010.

Ce bonheur, il nous appartient de le rechercher et de le cultiver. C'est une responsabilité qui incombe à tout un chacun. Cependant, parce qu'il a un grand impact dans la vie de celles et ceux qui l'entourent, le chef d'entreprise a un rôle particulier à jouer. Contribuer au bonheur des hommes et des femmes avec qui il partage ses journées. C'est une réelle responsabilité.

Le succès de Prével est attribuable en grande partie à ce bonheur que chacun des membres de l'équipe a su cultiver grâce à l'espace que Jacques et Jonathan leur ont donné pour ce faire. Aujourd'hui, il m'appartient, avec Jonathan, de reprendre le flambeau. De poursuivre. De faire face, à mon tour, à la complexité qu'est le quotidien du travail, en particulier dans le milieu immobilier.

Face à un problème auquel nous n'arrivions pas à trouver de solution, Jacques m'a souvent dit :

— Si on avait une baguette magique, on ferait quoi ?

Nous pouvions alors nous permettre les idées les plus loufoques, les plus improbables. Mais dans ces impertinences se cachaient souvent quelques vérités qui nous permettaient de cheminer jusqu'à une solution viable.

Alors si j'avais aujourd'hui une baguette magique, je ferais quoi ?

En premier lieu, je ne viserais pas la croissance à tout prix. J'ai toujours entendu Jonathan et Jacques dire qu'ils ne cherchaient pas la croissance pour la croissance. Quand j'ai commencé dans l'entreprise, je ne les comprenais pas. J'avais l'impression que s'il n'y avait pas de croissance, il y avait forcément du surplace. Et dans toutes les sphères que je connaissais, pas seulement en affaires, je me disais qu'un jour de statu quo était un jour de perdu. Et éventuellement un jour de recul.

Aujourd'hui, j'adhère parfaitement à leur vision et je leur sais gré d'avoir donné à Prével cette capacité à se tenir loin de cette fuite qu'est devenue la course à la croissance à tout prix.

J'aime qu'on soit présent dans l'élaboration de nos projets. J'aime pouvoir connaître le nom de chacun de nos employés. J'aime pouvoir échanger directement avec nos clients. J'aime que nous n'ayons pas d'ambition de croître pour croître. J'aime que ce soient plutôt les bonnes occasions et les projets qui nous enthousiasment qui dictent nos décisions plutôt que le chiffre inscrit sur une ligne en début d'année. J'aime que nous ayons des investisseurs par projet plutôt que des investisseurs directement impliqués dans l'entreprise, car ainsi nous n'avons pas l'obligation de faire plus d'argent que l'année dernière.

Et c'est ce qui nous permet aussi de choisir de rester à Montréal. Oui, le marché se complexifie. Oui, il est de plus en plus difficile de trouver des terrains. Oui, il y a de plus en plus de réglementation. Oui, il y a de plus en plus de joueurs sur le marché. La question nous est posée régulièrement :

— Commencez-vous à penser à développer ailleurs ?

Sincèrement, non. Nous sommes bien à Montréal. C'est cette ville-là qu'on a choisi d'habiter et que nous avons envie de développer.

Nous avons décidé, il y a quelques années, de créer un fonds d'investissement dans des projets aux États-Unis pour mitiger le risque, pour protéger l'entreprise en cas de crise majeure, comme dans les années 1990. Pour continuer à avoir des revenus si le marché montréalais cassait complètement. Mais, nous-mêmes, aller développer ailleurs ? Ce n'est pas dans les plans. Il faut, selon nous, avoir une grande proximité avec le marché pour être capable de bien le comprendre. De sentir son pouls. De le deviner. De le ressentir.

Je prendrais plutôt ma baguette magique pour transformer Montréal. Nous avons envie de nous concentrer sur notre ville parce qu'il y a encore tant à faire à Montréal. Oui, les terrains sont de plus en plus difficiles à dénicher. Mais non, ce n'est pas bientôt la fin du développement à Montréal. Il en reste, des terrains désuets et des stationnements à ciel ouvert à transformer. Il en reste, des bâtiments à l'abandon à convertir. Il en reste, des édifices susceptibles d'accueillir de nouveaux développements. Il y a encore tellement de potentiel. Et l'habitation sera toujours à réinventer. Si des villes comme New York et Londres se renouvellent sans cesse, c'est parce qu'une ville est sans cesse à refaire. Une ville, c'est vivant.

Et il y a encore tant à faire en faveur de l'habitation sociale et de l'abordabilité. Je rêve de répondre aux difficultés de l'accès à la propriété. Je rêve de retenir les familles dans les quartiers centraux. Je rêve de trouver la solution au manque de logements sociaux. Rien de moins.

Je suis bien consciente que la crise du logement s'amplifie dans plusieurs grandes villes. Et je voudrais en protéger Montréal. Je voudrais qu'on mette à contribution notre intelligence collective pour protéger nos plus démunis. N'est-elle pas là, la responsabilité d'une société ? Non pas seulement des élus et du gouvernement. Mais bien de chacun de nous.

Je sais que certaines figures des administrations publiques ont peur des promoteurs immobiliers. Mais à nous éviter, elles se privent d'un savoir-faire, d'une compréhension du terrain, d'une certaine vision que seuls nous pouvons avoir. Je suis convaincue qu'il y a moyen d'être imaginatif et de mettre notre expertise à contribution. Alors je rêve de travailler main dans la main avec les administrations publiques pour continuer à bâtir Montréal.

Et tant qu'à rêver, je rêve aussi que ce soit plus fluide entre les différents gouvernements. Ce serait profitable aussi bien pour l'aide au logement que pour les développements urbains. Et ce serait particulièrement profitable pour la construction de nouvelles écoles en ville ! Entre les directions d'école, les commissions scolaires, l'administration municipale et le gouvernement du Québec, je rêve que l'un d'entre eux prenne un jour le risque d'anticiper l'émergence de nouveaux quartiers et prévoie des écoles avant que les cartes d'assurance maladie des tout-petits ne soient émises, avant que ces enfants aient déjà un sac sur le dos, prêts à partir… vers la banlieue.

Avec ma baguette magique, je ferais également apparaître quatre magnifiques terrains de grande envergure dans des quartiers à haut potentiel. Et nous aurions la chance d'avoir un impact majeur sur ces quartiers. Grâce à ces projets, nous réinventerions l'habitation, comme nous l'avons toujours fait à travers le temps.

L'innovation, c'est toujours à refaire. Nous sommes aussi bons que notre prochain projet. Et parce que les projets prennent des années à se développer, il faut réussir à anticiper ce que deviendra l'habitation dans les prochaines années. Pour rester pertinent. Pour être à l'écoute de ce qui compte vraiment pour le client. Pour ne pas nous perdre dans nos goûts personnels, dans nos egos. Bien faire les choses pour celui qui l'habitera. Reconnaître la responsabilité que chaque dollar dépensé en conception de projet sera un dollar qui appartient à notre client. Reconnaître la valeur de ce dollar-là. En être responsable et le dépenser avec respect. Grâce à ma baguette magique, je pourrais réussir cela tout en créant des architectures audacieuses, impressionnantes. Je pourrais contribuer à dessiner le profil de Montréal, mais avec des projets qui ne coûteraient pas plus cher que les projets raisonnables que nous réalisons actuellement.

Je mettrais également sur notre route de jeunes entrepreneurs pleins d'idées et d'ambition ou des promoteurs d'expérience qui n'ont pas de relève. Des bâtisseurs passionnés qui partagent nos valeurs et notre philosophie. Des promoteurs qui nous permettent, grâce à des partenariats, d'offrir à notre clientèle une variété de milieux où il fait bon vivre. Nous collaborons depuis plusieurs années maintenant avec des promoteurs de différents horizons pour développer des projets à l'extérieur du centre-ville, pour proposer des habitations de tout gabarit, pour répondre aux différentes aspirations de nos acheteurs. Je rêve de pouvoir répondre aux besoins d'un même client tout au long de sa vie.

Et puisque la magie ne connaît pas de limite, je transformerais aussi le regard de certains envers l'immigration. Je réussirais à les convaincre que c'est par l'immigration que passe la survie économique de Montréal et, plus largement, celle du Québec. Que nos préoccupations devraient se tourner davantage vers une intégration réussie et un marché de l'emploi accessible plutôt que vers un nombre, une origine ou la peur de l'autre.

Jacques m'a longtemps dit que la promotion immobilière ne serait pas un métier d'avenir parce qu'elle était intimement liée à la démographie. Et qu'au Québec, la démographie n'était pas favorable. Il ne pouvait pas prévoir l'importance que prendrait l'immigration pour notre société. Autant pour stimuler l'économie que pour contribuer à maintenir les programmes sociaux qui nous sont si chers.

Mais peut-être qu'en fait, avant tout le reste, grâce à ma baguette, je me donnerais le pouvoir de moduler le temps à ma guise. Je pourrais donc lire tous ces livres que j'achète avec gloutonnerie dès que je mets le pied dans une librairie. Je pourrais renouer avec mes anciennes habitudes de traîner au cinéma deux ou trois fois par semaine. Je pourrais arrêter de m'endormir dès que les lumières s'éteignent dans une salle de théâtre. Je pourrais rendre quotidienne ma relation avec le sport. Je pourrais nourrir mes journées de conversations sur le sort du monde. Et surtout, je pourrais donner tellement plus aux gens que j'aime.

Mais il y a une seule chose que je n'arrive pas à imaginer, même avec une baguette magique. C'est comment continuer à travailler avec mon père en étant aujourd'hui coprésidente. Comment recréer le quotidien, le plaisir, les niaiseries, les moqueries. Comment continuer à partager les indignations, les haussements d'épaules, les coups de gueule et les prises de bec. Comment ne pas perdre les regards complices, les éclats de rire, les sourires en coin, les petites phrases anodines tellement souvent répétées et les mêmes histoires entendues des millions de fois.

Oui, les dîners continueront. Aussi longtemps que l'estomac de Jacques le permettra. Mais le quotidien, ça non. Je savais qu'à partir du moment où j'acceptais de prendre la relève, nous ne pourrions plus travailler côte à côte. Je savais que ce moment particulièrement privilégié de ma vie d'enfant prendrait fin. Je sais bien que Jacques sera là pour moi aussi longtemps qu'il en sera capable. Que sa sagesse et son expérience me guideront encore longtemps. Mais ce sont ces moments faits de petits riens qui me manqueront. Ces instants banals. Ces minutes ordinaires où rien de bien pertinent ne se disait, mais où nous étions ensemble. Où je sentais que je pouvais m'appuyer sur lui, quoi qu'il arrive. Oui, il y aura toujours des gens expérimentés et bien intentionnés pour m'entourer, mais ils ne seront jamais un père. Ils ne seront jamais mon père.

Remerciements

MERCI À MON AMOUREUX. Merci pour ta patience, ton amour et ton soutien indéfectible. Merci de m'aimer malgré mes projets un peu fous et mes idées de grandeur. Merci de me permettre d'être moi-même. Et merci d'être un père aussi formidable.

Merci à Sabrina, sans qui ce livre n'aurait pas été. Merci pour ce que tu vois en moi. Merci pour ton intelligence, pour ta capacité à saisir l'ensemble des enjeux auxquels je fais face. Merci pour ta disponibilité à toute heure du jour ou de la nuit. Et surtout, merci pour ta franchise.

Merci à Nicolas, qui m'a accompagnée dans l'écriture de ces pages. Qui m'a encouragée, stimulée, poussée. Merci pour ta passion, ton implication et tout le cœur que tu as mis dans ce projet de livre. Tu m'auras permis de donner le meilleur de moi-même.

Merci à Sébastien. Tu auras été beaucoup plus que mon premier lecteur impitoyable. Tu auras aussi, dans mes jeunes années, contribué à former ma pensée critique, mon goût du dépassement, mon esprit de synthèse et ma capacité de rédaction… sous pression !

Et merci à Gilles. Qui m'a fait confiance. Qui a accepté le projet tel que je l'imaginais. Et qui m'a permis de nous offrir, à mon père et à moi, le plus beau cadeau qui soit : un livre !

Les droits d'auteur issus de la vente de ce livre seront remis à Moisson Montréal. Nous sommes très attachés à la mission de cet organisme à but non lucratif qui permet à la population montréalaise dans le besoin de se nourrir décemment.

Table des matières

CET OUVRAGE EST COMPOSÉ EN DANTE CORPS 12,5
SELON UNE MAQUETTE RÉALISÉE PAR PIERRE-LOUIS CAUCHON
ET ACHEVÉ D'IMPRIMER EN OCTOBRE 2018
SUR LES PRESSES DE L'IMPRIMERIE MARQUIS
AU QUÉBEC
POUR LE COMPTE DE GILLES HERMAN
ÉDITEUR À L'ENSEIGNE DU SEPTENTRION